VOCÊ NÃO É PARA TODO MUNDO

Título original *You Are Not for Everybody*
©2024 J.D. Netto
©2025 VR Editora S.A.
Todos os direitos reservados.

EDITORA Tamires von Atzingen
ASSISTENTE EDITORIAL Michelle Oshiro
REVISÃO João Lucas Z. Kosce
PROJETO GRÁFICO, DIAGRAMAÇÃO E DESIGN DE CAPA Guilherme Francini
COORDENAÇÃO DE ARTE Pamella Destefi
COLABORAÇÃO P.H. Carbone
PRODUÇÃO GRÁFICA Alexandre Magno

Dados Internacionais de Catalogação na Publicação (CIP)
(Câmara Brasileira do Livro, SP, Brasil)

Netto, J.D.
Você não é para todo mundo: porque branding não é logo: storytelling não é modinha: construção de público não é sorte / J.D. Netto; tradução Cristiane Maruyama. - São Paulo: Latitude, 2025.

Título original: You are not for everybody
ISBN 978-65-89275-84-8

1. Administração geral 2. Branding (Marketing) 3. Comunidade 4. Marketing I. Título.

25-269246   CDD-659.13

Índices para catálogo sistemático:
1. Marketing : Publicidade 659.13
Eliane de Freitas Leite - Bibliotecária - CRB 8/8415

Todos os direitos desta edição reservados à:
VR Editora S.A.
Av. Paulista, 1337 – Conj. 11 | Bela Vista
CEP 01311-200 | São Paulo | SP
vreditoras.com.br | editoras@vreditoras.com.br

J.D. NETTO

VOCÊ NÃO É PARA TODO MUNDO

TRADUÇÃO
CRISTIANE MARUYAMA

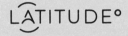

Dedico este livro ao meu marido.
Não, amor. Não somos para todo mundo.
E sabemos muito bem disso.

SUMÁRIO

Você não é para todo mundo	**7**
Introdução	**10**
Quem é você?	14
Um público fiel	24
Entendendo a narrativa	28
Entendendo o marketing	35
Branding	41
Branding por associação	46
O círculo	53
Os personagens da sua história	57
Seja excelente no que faz	64
O valor do silêncio	69
Quando você não está por perto	74
Não	79
Os ganchos emocionais	84
O caráter precede o talento	90
Camaleões	94
O julgamento como ferramenta de pesquisa	98
Amigos, contatos e parceiros de crescimento	103
A grande ilusão	109
Cultive sua curiosidade	114
Agradecimentos	**118**

VOCÊ NÃO É PARA TODO MUNDO

Essa é uma mensagem que eu gostaria de ter conhecido mais cedo, tanto na vida quanto na carreira. Como mulheres, parte da nossa socialização envolve sermos apreciadas e amadas — somos frequentemente condicionadas a acreditar que o amor é conquistado através da simpatia. Isso significa sentar com as pernas fechadas, falar em determinado tom, evitar roupas reveladoras para sermos levadas a sério, entre outras restrições, ou seja, em resumo, sexismo.

Como autora e empreendedora que esteve sob os holofotes desde os dezoito anos, por conta da minha participação no reality show *O Aprendiz*, tive que lidar com fãs e haters muito cedo. Aprendi que, quando você permite que os outros definam quem você é, entrega a terceiros o poder sobre sua narrativa. Isso é especialmente difícil quando se é jovem e exposta em rede nacional, algo que inevitavelmente traz consigo um conjunto de traumas.

Ser rotulada como uma "mulher difícil de lidar" acabou se tornando parte da minha marca, embora eu me enxergasse como alguém gentil e generosa. Compreendi que não temos controle sobre como os outros nos percebem, decidem quem somos ou o que nossas palavras significam.

8 VOCÊ NÃO É PARA TODO MUNDO

O significado, a propósito, é um elemento essencial quando falamos de branding. Trabalhei durante mais de quinze anos em grandes agências de publicidade, como TBWA/Chiat/Day Los Angeles, Grey e Accenture, atendendo a clientes como Pepsico e Unilever. Em toda decisão de branding — seja criando um slogan ou um conceito visual, seja uma proposta de posicionamento de marca —, a pergunta fundamental sempre é: qual o significado por trás desse logo, dessa mensagem ou dessa escolha de celebridade? Quem é o nosso público-alvo e o que isso significa para ele?

O público é tudo, e o significado muda de pessoa para pessoa. Por exemplo, se você cresceu em uma família militar e estudou em uma escola do exército, a palavra "ordem" pode evocar familiaridade e segurança. Agora, se você é o quinto filho de um casal hippie e estudou em uma escola Waldorf, "ordem" pode significar algo totalmente diferente. É a mesma palavra, mas com sentidos distintos.

Se eu pedir que você feche os olhos e imagine um balão azul, algumas pessoas pensarão em um balão de ar quente, como os da Capadócia, enquanto outras visualizarão um balão de festa de aniversário. Ambos são balões, ambos são azuis, mas os significados são diferentes.

A comunicação traz consigo expectativas, e não dá para garantir que quem receber sua mensagem entenderá exatamente o que você quer dizer. E essa é a beleza. Sua mensagem não é para todo mundo.

Ter coragem de ser autêntica, mesmo que isso signifique ser rejeitada por parte do público, é um entendimento crucial, não apenas para a construção da sua marca pessoal, mas para o autoconhecimento como um todo. É algo que anos de psicanálise me ensinaram — e que ainda estou aprendendo a aceitar. É por isso que este livro não trata apenas de branding, mas também de consciência e autopercepção.

O livro de J.D. Netto tem a leveza de uma conversa com um bom amigo em um café. É como rolar o feed das redes sociais de alguém e absorver conselhos milionários de forma casual e genuína. Suas histórias pessoais e sua visão de mundo, entrelaçadas a ensinamentos preciosos, valem mais que mil MBAs. Se você é empreendedor/a, criativo/a ou simplesmente curioso/a, este livro é leitura obrigatória. Tenho orgulho de chamar J.D. de amigo e de ter acesso à sua sabedoria em nível pessoal. E fico ainda mais feliz porque, agora, o mundo também terá acesso a seus conselhos brilhantes.

Maytê Carvalho

Autora best-seller de *Persuasão: Como usar a retórica e a comunicação persuasiva em sua vida pessoal e profissional* e *Ouse argumentar: Comunicação assertiva para sua voz ser ouvida.*

INTRODUÇÃO

Você e eu estamos em uma cafeteria. Uma lareira acesa deixa o ambiente quentinho; fazemos nossos pedidos. As pessoas conversando ao nosso redor não estão falando tão alto a ponto de nos atrapalhar, mas elas estão ali e nos fazem lembrar das possibilidades à nossa volta. É nisso que eu quero que você pense enquanto lê este livro.

Você não tem em suas mãos um guia ou um manual. E eu não sou um professor diante de uma lousa. Isto aqui é uma conversa. Uma conversa muito honesta — um compilado de experiências, pesquisas e lições que aprendi sobre branding, marketing e storytelling. O objetivo, aqui, é inspirar reflexões, ideias e insights sobre si mesmo.

Vou ser direto: a faculdade não era para mim. Não que eu não quisesse estudar, mas as circunstâncias me expulsaram do ninho antes que eu soubesse como usar minhas asas.

Esta conversa é resultado de dezessete anos de experiência como empreendedor na área das artes. Embora eu transite por muitas áreas, algumas verdades são inegáveis, e são justamente essas verdades que fundamentam esta obra, independentemente de em que área você esteja atuando (ou do que você sonha explorar).

De todas as verdades irrefutáveis do mundo, há uma que pode tirar um peso enorme dos seus ombros: nem todo mundo vai gostar de quem você é ou da mensagem que você comunica. E isso é uma coisa boa.

Antes de falarmos de negócios, preciso apresentar você à rejeição. Eu sei, eu sei. Você deve estar pensando: *J.D., já vamos falar sobre esse assunto? Eu nem tomei meu café ainda, e você já está forçando a barra. Pensei que a gente ia conversar sobre construção de marca e marketing! Por que esse papo cabeça logo de cara?* Se prepare, porque, antes de mais nada, precisamos mergulhar dentro de nós mesmos.

Quando eu tinha vinte e poucos anos, enviei propostas para diversos agentes na esperança de que um deles representasse meu primeiro livro de fantasia. Não consigo nem descrever o meu entusiasmo e dedicação ao redigir aqueles e-mails. Na minha cabeça, isso seria o suficiente para que me respondessem pedindo o manuscrito completo.

O que recebi foi uma enxurrada de cartas de rejeição, todas com uma mensagem clara como o dia: *não há público para este livro.* Mas eu o havia escrito, e com certeza o teria lido se o encontrasse em uma livraria. As pessoas que respondiam àqueles e-mails não se identificaram com a história porque não *eram o público-alvo.* A rejeição delas não significava que não havia pessoas querendo ouvir o que eu tinha a dizer. Eu sabia que muita gente tinha interesses parecidos com os meus.

Depois disso, eu quase me tornei recluso. Pode chamar de ego, ambição, o que quiser. Me tranquei para ler livros sobre escrita e assistir a tutoriais sobre criação de campanhas de sucesso. Criei a capa do meu próprio livro depois de ter analisado cada capa de obras do mesmo gênero e entender o que gerava conexão com os leitores. Contratei um editor para lapidar o manuscrito.

12 VOCÊ NÃO É PARA TODO MUNDO

Lançar aquela primeira fantasia foi minha experiência universitária — e uma experiência muito pública. O livro vendeu milhares de cópias. Me rendeu leitores fiéis e me levou a trabalhar com pessoas incríveis. Não vou mentir e dizer que tudo foi um mar de rosas. Acertei em muita coisa, mas também falhei em tantas outras.

Minha vontade de provar para os outros que eles estavam errados não foi o que me impulsionou a publicar o livro. Foi a rejeição que me fez dar o primeiro passo rumo ao desconhecido, que me motivou a encontrar caminhos alternativos, e fiz isso para tornar real o que eu já sabia: que sim, eu não sou para todo mundo. Mas, ainda assim, eu sou para alguém.

Inúmeras pessoas nunca tiram do papel seus projetos por medo da rejeição. Ficam paralisadas, desperdiçando energia com os "e se..." em vez de explorar os "e agora?". Vamos esclarecer uma coisa de uma vez por todas: a rejeição é parte do jogo, contudo você pode transformá-la em um ativo em vez de fazer dela uma fraqueza.

A natureza humana gira em torno da conexão. Somos feitos para isso. Porém, com frequência, ao querer nos conectar, acabamos nos esquecendo de que, com os elogios, vêm as críticas. E é assim que funciona. Muito se fala sobre construir um público fiel, mas pouco se fala sobre o oceano de discordância que vem no pacote.

Ao fim desta conversa, você terá aprendido a usar a rejeição a seu favor. Se verá inspirado a criar uma narrativa tão poderosa que todo mundo que tenha afinidade com seus interesses irá encontrá-lo – e quem não tem não vai parar de falar sobre você.

"

TODO MUNDO QUER UM PÚBLICO FIEL, MAS POUCOS ESTÃO PRONTOS PARA O VENDAVAL DE OPINIÕES CONTRÁRIAS QUE VEM NO PACOTE.

QUEM É VOCÊ?

Não dá para construir uma marca se você não sabe quem você é. E, assim como a mente humana, uma marca evolui com o tempo. Quem você era dez anos atrás é bem diferente quem você é hoje. Você pode continuar tendo os mesmos valores, relacionamentos e certas características, entretanto muita coisa mudou.

Uma marca é construída sobre pilares inspirados pela mente de quem a cria. No momento em que uma pessoa decide construir sua marca, toma a decisão consciente de olhar para dentro. Em resumo: sua marca está atrelada ao seu propósito, independentemente de área ou talento.

Uma pessoa segura de si já tem uma base sólida para construir uma marca forte. Saber do que gosta, no que acredita e o que deseja alcançar não apenas inspira você a abraçar suas ideias, mas também a construir uma plataforma para compartilhá-las.

Algumas celebridades de reality shows entendem bem o poder de uma identidade forte (e o processo de descobrir essa identidade). Enquanto algumas pessoas afirmam que essas celebridades não merecem fama por conta da falta de talento, a verdade é que elas já capturaram a atenção do público simplesmente sendo quem são — por mais questionáveis que sejam suas atitudes.

QUEM É VOCÊ? 15

Esse tipo de programa de televisão continua tendo audiência porque as narrativas são construídas em torno do bom, do ruim e do péssimo.

Como você já deve ter notado, esses protagonistas não têm medo de abraçar sua verdade (ou suas mentiras, dependendo do ponto de vista). Vamos analisar isso sob a perspectiva da narrativa. Toda história começa apresentando o personagem principal, seu mundo e o conflito que enfrenta. Na maioria das histórias, é por meio do conflito e do autoconhecimento que o protagonista encontra o amor.

A primeira experiência que a gente tem com uma marca é bem parecida com um primeiro encontro. Sim, eu vou por esse caminho. Se precisar de tempo para pegar um bolo ou um doce antes de continuarmos, me avise, ok? Não? Então vamos em frente.

Imagine que você deu match com alguém em um aplicativo. Depois de trocar os números de telefone, vocês conversam por um tempo e combinam de se encontrar pessoalmente. Houve um clique — algo que fez você sentir que valia a pena conhecer a pessoa. Ao ir para o encontro, você fica pensando naquela coisa engraçada que ela disse e naquela foto que fez você corar. Então, vocês se veem. E agora vem a grande questão: será que a pessoa parece com as fotos? Será que ela é tão articulada pessoalmente quanto nas mensagens? Será que a faísca vai continuar acesa?

Vocês se sentam e começam a conversar. Você está analisando a forma como a pessoa fala, seus gestos, suas opiniões. Há um turbilhão de emoções em você. Se o encontro der certo, vocês continuarão conversando e marcarão outros encontros até, quem sabe, começar um relacionamento. Caso contrário, acaba ali. O navio naufraga antes mesmo de zarpar.

16 VOCÊ NÃO É PARA TODO MUNDO

Primeiros encontros são sobre primeiras impressões, e não dá para negar isso. Ambas as partes estão calculando cada movimento para entender se vale a pena investir uma na outra. Porém, mais que observar características externas, estamos buscando aquela faísca — aquele sentimento intangível.

É aí que namoro e branding têm muito em comum. Seu público-alvo vai constantemente ter um primeiro encontro com sua marca, que precisa ser tão boa pessoalmente quanto é em teoria. *Cada detalhe importa.* É o jeito como você olha para o outro, o tom da sua voz, os assuntos que escolhe trazer à tona. É a maneira como você capta a atenção do seu público e o convida a se envolver. São os pequenos detalhes e gestos que fazem a diferença.

Vamos falar sobre o *Titanic*, filme de James Cameron. Vou presumir que, se você está segurando este livro, tem idade o suficiente para ter assistido ao clássico de 1997. Mas sei que há toda uma geração que ainda não viu, então, se for o seu caso, assista. Você não vai se arrepender.

Deixe de lado o evento histórico e a tragédia em si. O que resta? A história de uma jovem que tem um primeiro encontro inesquecível no convés do maior navio do mundo com um rapaz desconhecido da terceira classe. No meio daquele turbilhão de emoções, ela percebeu que queria mais.

Jack presta atenção às necessidades de Rose. Ela tem dinheiro, mas está presa às convenções sociais. Rose não é o que os outros esperam e está lutando para se libertar. Ela deseja águas inexploradas (trocadilho intencional). E Jack pode lhe dar isso, mesmo não tendo um centavo no bolso. Cada um tem o que o outro precisa. A marca de Jack é a aventura, enquanto a de Rose é a liberdade. Diga o que quiser sobre a velocidade com que eles se apaixonam, mas a história funciona.

A questão é que todo mundo lida com emoções. É o coração humano que cria conexões, não apenas um produto ou empresa. Você pode construir uma marca com base em um produto, mas também pode desenvolver uma marca pessoal que transcenda qualquer coisa que você faça ou deixe de criar.

No fim das contas, independentemente do caminho que você escolher, as pessoas buscarão, acima de tudo, a faísca. Tudo se resume a como você faz com que se sintam.

Por que as empresas investem tanto em eventos que façam as pessoas se envolverem com as marcas, permitindo que descubram seus produtos? As exposições, por exemplo. Você vai a um centro de convenções para fazer networking e conhecer novas marcas. Estreias de filmes, exibições prévias e eventos de tapete vermelho são primeiras impressões que inspiram certo sentimento em relação a uma marca e/ou produto.

No fim das contas, todo mundo tem sentimentos.

As cafeterias não vendem apenas café: vendem um ambiente criativo no qual você pode desfrutar de boa comida e trabalhar. A Disney não vende parques temáticos: vende sonhos e a oportunidade de sermos crianças outra vez. As marcas de luxo vendem status: são um símbolo de que você trabalha duro para ser quem é.

Do mesmo modo como as emoções nos guiam, o que sua marca tem de intangível pode afastar ou aproximar seu público. Não dá para evitar isso.

A verdade é simples: uma marca não se sustenta sem uma base sólida, que precisa estar enraizada no âmago de quem você é. Desde as cores do logotipo até o design do site, cada detalhe visual precisa comunicar, intencionalmente, as emoções que você deseja despertar no público quando seu produto ou serviço for consumido.

Vamos fazer um exercício juntos. Sinta-se à vontade para usar o espaço a seguir, pegar um caderno ou abrir o aplicativo de notas do seu celular. Anote suas paixões. E realmente quero dizer suas *paixões*.

Preste atenção em como você se sente quando algo lhe vem à mente. Você sente frio na barriga? Seu coração acelera? Você sorri? Suas paixões são uma bússola, e a gente só consegue crescer e prosperar quando somos apaixonados pelo que fazemos. E se você estiver se perguntando: "Mas, J.D., como eu descubro minhas verdadeiras paixões?", esta é minha dica: como o amor, a paixão por seu propósito e seus objetivos pode ser medida com base no quanto você pensa a respeito. A palavra "paixão" tem muitos significados, mas vamos nos ater a este, que encontrei no Dicionário Aulete:

"gosto muito pronunciado ou predileção por algo".[1]

Agora, ao lado de cada uma das suas paixões, escreva uma habilidade que você possui e que pode torná-la realidade. Alguns exemplos:

- *Adoro cozinhar e preparo um bife incrível.*

---

1   https://www.aulete.com.br/paix%C3%A3o.

- *Curto viajar e consigo editar um vídeo de trinta segundos sobre minha experiência em uma hora.*
- *Gosto de falar em público e sou muito eloquente na frente do espelho.*

_____

_____

_____

_____

_____

_____

_____

É muito bom a gente ser honesto consigo mesmo a respeito das coisas que somos capazes de fazer. Frequentemente, somos honestos quanto aos erros que cometemos — ou não. Leia o que você escreveu e, mais uma vez, preste atenção a como se sente.

A primeira vez que expressei meus sentimentos no papel foi quando tinha quatro anos de idade. Não me lembro de ter feito o desenho (meus pais o guardaram), mas me recordo do motivo que me fazia amar aquela história. A crucificação de Cristo me fascinava. E não pelos motivos que você possa estar imaginando.

20 VOCÊ NÃO É PARA TODO MUNDO

O espetáculo e o drama me atraíam. Na casa da minha tia havia uma Bíblia ilustrada, e sempre que a visitava, eu passava um bom tempo a folheando. Em meio a tantas histórias, era a imagem do homem crucificado entre dois ladrões que me intrigava. Com o passar dos anos, minha fascinação pela religião me levou a descobrir narrativas igualmente grandiosas — épicos como *Jurassic Park*, de Michael Crichton, e a Terra-média de J.R.R. Tolkien. Eu adorava como histórias, imagens, música — arte! — tinham o poder de fazer nossa mente viajar a ponto de esquecermos do mundo ao nosso redor. Comecei a devorar revistas sobre ciência, paleontologia e história. Até que, um dia, encontrei uma revista de moda na casa de um amigo. Curioso, peguei para folhear e... bum. Havia um ensaio com dois homens se beijando apaixonadamente. Não me lembro de qual perfume era o anúncio, mas, meu Deus, eu me lembro perfeitamente de como aquela propaganda fez eu me sentir. Acho que foi naquele dia que soube que era gay.

No entanto, mais do que um anúncio me ajudando a afirmar minha sexualidade, o que me impressionou foi a ideia de que um perfume estava sendo vendido por meio de um beijo gay. Isso aconteceu em meados dos anos 1990, em uma pequena cidade do Brasil. Não posso dizer que naquela época o ambiente à minha volta era progressista, mas, mesmo sendo jovem, eu sabia que me lembraria daquele anúncio por muitos anos. Seja por inspiração ou choque, a campanha tinha cumprido seu papel.

Passei a notar o poder da narrativa não apenas em livros, filmes e músicas, mas também nas peças usadas para promovê-los: pôsteres, vídeos, capas de álbuns etc.

22 VOCÊ NÃO É PARA TODO MUNDO

Durante minha adolescência, estudei na Joseph P. Keefe Technical High School, em Framingham, Massachusetts. No primeiro ano, tínhamos que participar das 21 oficinas oferecidas na escola. Fui um desastre como carpinteiro, cabeleireiro e cozinheiro, mas então surgiu a oportunidade de experimentar artes visuais. Me destaquei ao estruturar histórias em quadrinhos com imagens. Criei um jogo de tabuleiro, desenvolvi uma campanha inteira para uma garrafa de leite e projetei meu primeiro cartão de visitas. Foi quando percebi que minhas paixões estavam alinhadas às minhas habilidades.

Anos depois, aprendi que a narrativa é parte essencial da venda de qualquer produto, seja relacionado à arte ou não. Descobri meu amor por contar histórias e aprimorei meu talento. Notei que, mais do que simplesmente apreciar imagens bonitas, meus clientes valorizavam minha explicação a respeito da construção da mensagem que eles comunicavam. De repente, o que eu criava passou a ter muito mais valor.

Escrever livros. Design gráfico. Estratégia de branding. A minha empresa, J.D. Netto Creative. Tudo isso é resultado da minha paixão por contar histórias.

Agora, retorne ao exercício. Leia-o mais uma vez. Então, pergunto novamente: Quem é você? O que a vida está mostrando para você? Não se apaixone pela ideia de chegar a algum lugar. Apaixone-se pela jornada que vai te levar até lá. Essas experiências serão a essência da sua marca.

"

A EMOÇÃO É O QUE MOVE AS PESSOAS E O MUNDO – SÃO AS CONEXÕES GENUÍNAS E HUMANAS QUE FAZEM A DIFERENÇA.

UM PÚBLICO FIEL

Não, talento por si só não constrói um público. Criar uma base fiel de seguidores exige mais do que simplesmente ser bom em algo. Muitas pessoas deixam que seu talento as cegue, acreditando que isso basta para garantir relevância. Mas, sinto dizer, não funciona assim.

Você está rolando o feed das redes sociais e encontra um vídeo de um cantor. A voz é bonita, então você clica no perfil. Lá, vê que ele fez um cover da sua música favorita — aquela que alguém especial costumava cantar para você. Nesse momento, você deixa de ser apenas um ouvinte e se torna um fã. Começa a segui-lo.

Agora você quer saber mais sobre esse artista. Pesquisa sua história, seus desafios, vitórias, marcas favoritas. Quer conhecer o antes e o depois do sucesso que tanto amamos.

O talento é uma ponte que as pessoas podem atravessar ou não. Se não acredita, pense nos artistas que você adorava na adolescência. Alguns ainda fazem parte da sua vida. Outros te fazem revirar os olhos. O talento deles não desapareceu. Seu interesse, sim, porque eles não fazem mais com que você se sinta de determinada maneira.

Sentir o quê, J.D.? Algo. Curiosidade. Angústia. Medo. Inspiração. Quando você assiste a um documentário sobre um artista, o que acontece? Você volta à música, aos livros, aos filmes, aos produtos etc.

Revive memórias e, mais uma vez, aquele artista está na sua mente não por causa do talento, mas por causa do sentimento. A curiosidade se transforma em lealdade quando pessoas talentosas fazem você *sentir* algo. Artistas são, no fim das contas, artesãos cuja matéria-prima são as emoções. Precisamos de música para superar términos de relacionamentos, de livros de fantasia para escapar da realidade, e assim por diante.

Os empreendedores são artistas. Inspiram com sua ousadia de desbravar novos caminhos. Não basta administrar um negócio: encontrar novas formas de se manter relevante é um trabalho árduo.

Mas, J.D., vou passar a vida inteira buscando ser relevante? Algum dia isso termina?

Bom, pense deste modo: você pode não falar com seu melhor amigo todos os dias, mas, quando fala, é como se o tempo não tivesse passado. O mesmo acontece com uma audiência à qual você dedicou seu coração e sua alma. Mesmo que você desapareça por um tempo, ela estará disposta a redescobrir a sua nova versão.

Isso é diferente de simplesmente se afastar de alguém que você já seguiu, ouviu, leu ou comprou algo. Aqui está um exemplo: Evanescence é minha banda favorita. O álbum *Fallen* teve um impacto tão forte em mim que comecei a escrever poesia por causa dele.

A banda levou três anos para lançar um novo disco. Durante esse tempo, me tornei fiel a outras bandas de rock, produtos e filmes. Mas assim que vi o banner no site do Evanescence anunciando *The Open Door*, comprei o álbum imediatamente.

O público acompanha porque sente. Você torce para o seu time favorito por causa do senso de orgulho. Segue alguém on-line porque o conteúdo desperta emoções. Você não é apenas fã do talento. O talento te levou a uma comunidade à qual você pertence.

Quando criança, eu nunca fui muito fã de programas ou desenhos que não tinham uma história bem construída. Assistia ao que estivesse passando na televisão, mas ansiava por uma narrativa com continuidade. Foi então que me tornei fã das animações japonesas. A intensidade das narrativas e seus personagens expressivos me fascinavam. Meu preferido, sem dúvidas, era *Os cavaleiros do zodíaco*, que conta a história de um jovem órfão escolhido para ser um dos cavaleiros de Atena.

Durante grande parte da minha infância eu me senti deslocado. No início dos anos 1990, onde eu morava, ninguém esperava que um menino gostasse de arte. Muito menos que fosse gay. Então, encontrar um desenho em que um garoto que não se encaixa nos padrões e se torna um cavaleiro foi algo que me marcou profundamente.

Eu era o público-alvo desse desenho porque ansiava por uma fuga do mundo em que vivia. Queria um senso de aventura e deslumbramento. Até hoje, se estou em algum lugar e vejo algo relacionado a *Os cavaleiros do zodíaco*, paro para olhar as prateleiras e, muitas vezes, faço uma compra. Não sou apenas um consumidor. Ainda sou parte ativa da audiência por causa da conexão emocional que tenho com o produto.

"

**TALENTO AJUDA, MAS NÃO
É O SUFICIENTE.
CRIAR CONEXÃO E CONSTRUIR UMA
AUDIÊNCIA EXIGE MUITO MAIS.**

ENTENDENDO A NARRATIVA

É aí que está o segredo. Para ter uma marca e um público, é essencial você compreender a importância da narrativa. Não, você não precisa ser escritor para dominar essa ferramenta, basta estar consciente do presente e um passo à frente dele.

As histórias são essenciais para a sociedade. Nós as desejamos. Amamos compartilhá-las e fazer parte delas, assim como adoramos as comunidades criadas por intermédio das narrativas.

As histórias têm o poder de fazer com que passemos de meros consumidores a integrantes de um público – e não existe público sem uma narrativa. Seja assistindo a vídeos publicados na internet por um amigo, lendo um livro, vendo um filme ou contando uma fofoca, é a narrativa que nos inspira a agir.

A narrativa é uma história bem estruturada que apresenta seus protagonistas, conduz o público por uma jornada emocional cativante e amarra os eventos principais com maestria.

Pense no seu filme ou série favorita. Os cenários podem ser incríveis, as atuações, impecáveis, mas, se a narrativa for previsível, o que poderia ser épico acaba sendo… cafona. Não estou dizendo que a previsibilidade é ruim, a questão é que ela precisa ser intencional.

Uma narrativa faz promessas. Nós queremos que certos personagens vençam e que outros tenham um destino trágico. Mas há um fio condutor que conecta todas as narrativas: talvez você goste de dragões, orcs e elfos, contudo, são as experiências humanas que nos atraem. É a morte trágica de alguém por quem torcemos e a vingança contra aquela rainha que tanto desprezamos. É o vilão que vence todas as batalhas só para perder a guerra no fim das contas. O que acontece quando sua série favorita está prestes a terminar? Talvez chame seus amigos e prepare uns petiscos para assistir ao fim da temporada. Você está ávido pela emoção. Mas, conforme o episódio avança, fica chocado com o destino terrível do seu personagem favorito. Os créditos sobem e – surpresa! – o fim não atendeu às suas expectativas. Você conversa com seus amigos, comenta nas redes sociais e em fóruns.

A narrativa é o que te prende até o fim.

Se ela não fosse importante para o branding, as campanhas publicitárias se resumiriam a comunicar o seguinte:

- *Eu sou o melhor xampu que você já usou.*
- *Creme dental. Porque cáries são um saco.*
- *Sexo sem proteção pode transmitir doenças. Use camisinha.*

Acho que deu para entender.

Em vez disso, temos escritores (olá!) que, intencionalmente, estabelecem conexões emocionais entre público, produtos e marcas.

Imagine esta situação: você viu um anúncio de uma peça de roupa. As fotos eram lindas, o vídeo, bem editado, e o texto garantia que você se sentiria incrível ao usá-la. Quando a caixa finalmente chega à sua porta, você abre e percebe que o tecido é de péssima qualidade. Ao vesti-la, nota que o corte não te favorece. O produto nem de longe é igual ao anúncio. Então, você procura as informações para começar o processo de devolução apenas para se deparar com a temida frase que te levará ao inferno do atendimento ao cliente: sem estorno; crédito para compras na loja.

Narrativa, narrativa, narrativa. A narrativa fez uma promessa para você. A narrativa te convenceu. E a narrativa falhou em entregar. Para o bem ou para o mal, você sentiu algo e tomou uma atitude.

Quer mais um exemplo? Quando você finaliza uma compra no balcão, já reparou naquelas três opções de avaliação no tablet? Cada uma com uma palavrinha específica embaixo: "Regular" com 3 estrelas, "Bom" com 4 estrelas, "Excelente" com 5 estrelas. O que você sentiu ao ler essas palavras? Te deu vontade de apertar logo o "Excelente" só para não parecer chato ou exigente? Ou ignorou, pensando: "Ah, só comprei um café, não sou obrigado a avaliar nada"?

Talvez você tenha clicado nas 5 estrelas sem pensar muito, porque pôde, porque não queria parecer grosseiro. E, bem, daqui a cinco minutos você nem vai lembrar disso.

Percebe o impacto daquelas três palavrinhas? Cada uma resumiu como você *poderia* ter se sentido em relação ao atendimento — e todas de forma positiva. Isso não tem a ver com você ser uma pessoa legal ou não. Não estamos discutindo se você *deveria* ou não dar feedback. A questão aqui é a narrativa apresentada naquela telinha. De repente, cabe a você — e à sua consciência — concordar ou discordar daquela história de que a experiência foi boa.

Tenho certeza de que você já viu aqueles comerciais tristes sobre filhotinhos disponíveis para adoção. Acredite, se eu pudesse, compraria uma fazenda e adotaria quantos conseguisse. Mas convido você a olhar para a estrutura do comercial.

A música imediatamente define o tom. Junto com ela, vêm as imagens daqueles olhinhos imensos e tristes, seguidas por uma narração emocionalmente envolvente. O impacto é tão forte que você se esquece de qualquer aspecto técnico e simplesmente sente. A narrativa te fisgou de tal modo que, toda vez que você ouvir aquela música, se lembrará dos cachorrinhos.

Isso acontece na cultura como um todo: na mídia, nos livros, na tecnologia, na política, etc. A religião é um exemplo perfeito do poder da narrativa — ela cresce por meio de histórias e testemunhos. Essas narrativas são formatadas para estimular comportamentos: faça isso e será recompensado. Não faça aquilo e evitará a perdição.

Sua série favorita tem fãs fiéis porque os personagens são tão tridimensionais que você continua pensando neles mesmo depois de ter desligado a televisão. Você conversa com seus amigos sobre eles e analisa cada palavra e ação.

A ressaca literária é real (e espero que este livro te deixe com uma) porque você se envolve tanto com a história que perde a noção do tempo e do número de páginas. Você simplesmente se importa com seus personagens favoritos e quer que eles recebam as recompensas que merecem. A narrativa conecta você. A narrativa te move, te inspira, te decepciona.

Agora, aplique isso à tecnologia. Um novo dispositivo está prestes a ser lançado, e toda a campanha de marketing prometeu uma

32 VOCÊ NÃO É PARA TODO MUNDO

experiência imersiva. Você quer ser surpreendido conforme descobre os novos recursos. Deseja certo nível de imprevisibilidade segura. Mas há uma coisa que você espera que seja previsível: a sua satisfação. Na política, você acompanha a campanha do seu candidato. Assiste às propagandas e aos debates, faz doações, ouve os discursos e se agarra às promessas feitas. Você vota no candidato que se conecta com você e seus valores. É a narrativa que diferencia os partidos políticos uns dos outros e inspira os eleitores a agir.

A narrativa é o coração de uma marca. São as histórias que escrevemos e os personagens que criamos que constroem comunidades. E como você pode aplicar o conceito de narrativa à sua própria marca?

Eu estruturo meus livros de ficção para que os leitores se conectem às histórias que crio. Gosto de dividi-los em quatro atos, e cada um deles me ajuda a dar ritmo à narrativa, a compreender as motivações de cada personagem e a recompensar os leitores que escolhem ler meus livros.

Ato Um: O primeiro ato serve como introdução à história e ao mundo. É quando apresento aos leitores as motivações, os desafios e os pontos fortes do/a protagonista. Geralmente, começa com uma situação comum que traz consigo um toque de mistério. No entanto, o comum só pode durar até certo ponto, pois precisa culminar em um fato transformador — um momento decisivo que mudará a vida do personagem para sempre.

Ato Dois: É aqui que o conflito começa, quando o mundo do personagem é abalado e ele precisa tomar decisões (sábias ou impensadas). Este ato deve conduzir a história a um ponto de virada tão grandioso que o personagem não terá outra opção senão enfrentar o desafio e vencer.

Ato Três: Este ato existe porque o personagem não conseguirá alcançar seu objetivo logo de cara. Ele falhará, e não apenas uma vez. É neste ponto que, para o leitor, fica praticamente impossível que a história tenha um final feliz. Os heróis estão exaustos, os antagonistas estão vencendo, e parece não haver saída.

Ato Quatro: É o grande momento pelo qual o leitor ansiosamente esperou. Os heróis enfim veem uma luz no fim do túnel e descobrem a brecha que os levará à vitória. Recompenso meus leitores com o elemento-surpresa. Neste ato, conecto todos os pontos e envolvo em mistério os detalhes que desejo manter em segredo. Mas, no fim, entrego o que prometi ao leitor.

É assim que você pode aplicar essa estrutura à sua marca:

Ato Um: Sua apresentação deve incluir um fato comum sobre seu público — algo que ele quer (ou vai querer) mudar. É a sua chance de se conectar com ele. Se já houver demanda pelo seu produto, é hora de apresentar um fato transformador que comunique essa necessidade. Se não houver, é a oportunidade de criar um fato transformador que criará a demanda.

Ato Dois: Seu público vai refletir sobre os eventos do primeiro ato. "Como esse produto vai me beneficiar? Como essa pessoa pode me ajudar? O que eu ganho com isso?" Enquanto seu público pondera, você age. Mantenha-se conectado a ele, mas ofereça pequenas doses de informação que o impulsione a agir.

Ato Três: Este ato pertence ao seu público. Se você estruturou bem os dois primeiros atos, sua audiência perceberá como tem falhado e como continuará falhando se não adquirir seu produto. Por exemplo: você se sente excluído se não está ouvindo a música de que todos falam. Ao ouvir esse artista, você começa a fazer parte do grupo.

Ato Quatro: Seu público é o herói, e ele venceu. E qual é o prêmio? Uma coroa. E o que é essa coroa? Seu produto. Agora, sua tarefa é entregar o que prometeu. Você garantiu um bom produto? Então precisa ser bom. Caso contrário, é nessa fase que um público heroico pode se tornar um vilão.

Estou feliz que você tenha chegado até aqui. Mas não tanto pelo fato de que, a partir de agora, sempre que assistir a um filme ou ler um livro, você será capaz de identificar e criticar essa técnica.

ENTENDENDO O MARKETING

Você está planejando as férias com seu parceiro. Ambos querem fazer uma viagem a dois. Passaram horas pesquisando e concluíram que uma cidade do Nordeste (#ficadica) parece o destino certo. Vocês viram fotos, pesquisaram resorts e fizeram uma lista de restaurantes. Não conseguem parar de imaginar como será desbravar as dunas. Mas sonhar e planejar não bastam — vocês precisam chegar ao Nordeste.

Se o branding é aquela empolgação que a gente sente enquanto sonha com uma viagem, o marketing é o avião que nos leva ao lugar em questão — o meio de transporte que torna possível a realização do sonho. E, claro, um pouco de turbulência faz parte do pacote.

Não sei você, mas tenho algumas histórias bem loucas sobre turbulência. Os vídeos de pessoas sendo arremessadas dos assentos podem até atiçar a nossa curiosidade, mas também fazem minha mente criativa visualizar inúmeros cenários quando estou voando. Às vezes, temos sorte e o voo é tranquilo do início ao fim, mas, na maioria das vezes, há alguns solavancos pelo caminho. A gente não conhece o piloto, mas temos a confiança de que quem está no comando da aeronave é capaz de tomar as decisões necessárias para que a viagem seja o mais tranquila possível.

Isso é marketing. É o conjunto de esforços que conduzem seu público ao seu produto. Campanhas, anúncios, comerciais, mídia paga, tudo isso faz parte da equação. A maioria dessas ações pode ser ajustada quase imediatamente se a campanha enfrentar turbulências, e quem está no comando precisa agir como um piloto e conduzir a campanha rumo a um céu mais calmo. Esse é um dos desafios constantes que enfrento ao trabalhar com empreendedores criativos. Com frequência, tendemos a pensar que marketing e branding são a mesma coisa quando, na verdade, são dois bichos diferentes vivendo no mesmo habitat.

Agora, vamos trocar os aviões por uma loja. Imagine-se na seção de xampus. Enquanto analisa as opções, pense no último comercial de xampu que viu. Mesmo que tenha sido há muito tempo, é difícil esquecer aqueles cabelos perfeitos esvoaçando na tela, ou o olhar desapontado da atriz enquanto encara as pontas duplas. O problema é apresentado de um modo que faz com que você, de repente, pense que seu cabelo está detonado.

A solução aparece depois de o problema ter sido apresentado. De repente, o xampu se torna a solução dos seus problemas capilares: o logotipo, as cores, as imagens e até a cena, em câmera lenta, do frasco mergulhando em um misterioso líquido branco (que eu presumo que seja leite).

Agora eu mesmo servirei de exemplo. Sempre que estou prestes a lançar um novo livro, penso no valor emocional das minhas histórias. A série *Echoes of Fallen Stars* foi escrita para leitores *queer* que nunca imaginaram que poderiam ser os heróis de uma história; *Henderbell* é uma ode à época em que todos acreditávamos em magia; *Winterborne* é para os desajustados que sempre quiseram pertencer; *The Other Side of the Ocean* foi escrito para lançar luz sobre muitas questões enfrentadas por imigrantes nos EUA; e os livros de *The Broken Miracle* são para quem acredita no impossível.

Tudo isso pode soar bonito no papel, mas a minha função — e a da minha equipe — é fazer com que esses livros cheguem às mãos dos leitores que estão em busca das soluções que essas histórias apresentam. É aí que entra o marketing: anúncios, parcerias, campanhas externas, lives etc.

A essência do produto não muda, mas tudo na esfera do marketing pode mudar num piscar de olhos. Se um anúncio não está performando bem, podemos alterá-lo, contudo, nessa etapa, já não podemos alterar o produto em si.

O marketing determina o valor percebido de um produto. Veja as marcas de luxo e como elas se promovem. Alguma vez você viu uma liquidação da Prada? Da Dior? Não. E se viu, sinto muito, mas você comprou um item falsificado, querido/a.

As marcas de luxo apostam na exclusividade. As queimas de estoque miram o grande público. As ações de marketing do setor de luxo nunca diluem a marca porque seu valor monetário está diretamente atrelado à exclusividade de possuir determinado produto.

Embora uma promoção possa ser ótima para gerar receita rápida, também pode dar a entender que os produtos em questão vão se desvalorizar rapidamente. A Apple, por exemplo, oferece incentivos para estudantes, mas nunca faz liquidações. A Apple vende criatividade, e criatividade não tem preço.

Uma vez que branding é emoção e marketing é pragmatismo, sejamos práticos com algumas etapas essenciais para uma campanha de marketing bem-sucedida.

PESQUISA DE PÚBLICO

Faça a lição de casa e identifique seu público-alvo. Quanto ele está disposto a pagar pelo que você oferece? Onde costuma comprar? Como encontrará seu produto?

RESOLVA O PROBLEMA

As pessoas ficam desconfortáveis quando alguém menciona um problema que elas têm. É aqui que a narrativa entra na sua campanha de marketing. Apresente o problema de maneira inspiradora, não agressiva.

Voltando ao exemplo do xampu: por que colocar no ar um comercial com cenas impressionantes e uma mensagem delicada? Porque ninguém gosta de ouvir que seu cabelo está horrível. Imagine se o texto fosse simplesmente: "Cabelo estragado? Use o xampu X".

METAS

Estabeleça metas claras e específicas para suas campanhas. Por exemplo:

- A campanha X aumentará o reconhecimento da marca.
- A campanha Y impulsionará as vendas.
- A campanha Z fortalecerá a fidelidade à nossa marca.

Quanto mais específicas forem as metas, mais clara será sua mensagem — e maiores serão as chances de você alcançar os resultados que deseja.

"

NÃO, NÃO BASTA TER TALENTO PARA CONSTRUIR UM PÚBLICO. CULTIVAR SEGUIDORES VAI MUITO ALÉM DE SER BOM EM ALGO.

BRANDING

Chegou a hora de falar sobre a soma de tudo o que vimos até aqui, o valor intangível do trabalho da sua vida: a sua marca.

Branding é a maneira como você faz os outros se sentirem quando você não está presente. Nós temos conversado sobre emoção e narrativa neste café aconchegante, e eu preciso que você entenda que sua marca é tudo isso junto e misturado. Cada emoção que você transmite aos seus seguidores (ou que ainda transmitirá, dependendo do ponto em que estiver na sua jornada) pode fortalecer ou enfraquecer sua marca. Não dá para fugir dessa verdade. Todos nós temos uma marca pessoal, quer estejamos conscientes disso ou não.

Aqui vai uma dica para você entender o branding: pense nele como uma personalidade. É aquela primeira impressão ao conhecer alguém. É o jeito como você é recebido ao entrar em uma loja. A sensação boa de experimentar algo novo. Branding, acima de tudo, emoção.

Perdi as contas de quantas vezes o primeiro obstáculo com alguns dos meus clientes foi desconstruir a ideia de que a maior força de sua marca era o logotipo que haviam criado.

Alguns me mostravam, orgulhosos, o que haviam feito on-line — elementos visuais escolhidos em uma biblioteca infinita apenas

42 VOCÊ NÃO É PARA TODO MUNDO

porque pareciam bonitos. Se fosse tão simples assim, não passaríamos horas e horas nos aprofundando em estratégias, grupos focais e estudos de cores para garantir que um elemento visual se conecte de modo efetivo ao público-alvo.

Lembra da sensação na noite de Natal ao ver os presentes sob a árvore? O branding é o embrulho maravilhoso, aquele encantamento que você sente antes mesmo de saber o que tem dentro.

Pense naquele restaurante fast-food que usa vermelho e amarelo no logotipo. Conseguiu visualizar os arcos? Agora, lembre-se da primeira coisa que sentiu quando eu trouxe essa imagem à sua mente. *Não é a opção mais saudável, mas o sabor é gostoso. O preço é razoável, e em menos de cinco minutos você já saiu do drive-thru.* Pronto. O branding deles é conveniência, praticidade e comida.

Você está no shopping e vê uma bolsa em exposição. Ela é preta, elegante, exclusiva. Você a segura e se imagina andando por aí com ela. Indo a reuniões, saindo para jantar, fechando negócios enquanto a usa. Você se sente poderoso/a. Pronto. Branding.

Você entra em uma livraria à procura de um novo livro. Percorre as prateleiras até que uma capa chama sua atenção. A fonte, o título e as imagens evocam exatamente a aventura que você busca. Você lê a sinopse, folheia o primeiro capítulo e se imagina com o livro em uma praia ou no seu cantinho favorito de leitura. Pronto. Branding. Não importa o que digam, todos nós julgamos os livros pela capa. Se você está à procura de uma comédia romântica e dá de cara com um livro com uma cabeça decepada na capa, provavelmente nem vai cogitar pegá-lo.

O branding incita emoção. É o que você não pode tocar nem ver, mas que faz toda a diferença na hora de comprar um produto ou de fazer alguém te seguir. Lembre-se: uma marca forte não apenas impulsiona as vendas como também estabelece uma relação de lealdade duradoura.

Aos quinze anos, comecei a trabalhar como designer gráfico freelancer. Conforme fui criando os mais diversos materiais para clientes de diversas origens e nacionalidades, percebi alguns padrões. Mesmo que o cliente não se conectasse imediatamente com o que via, era a forma como eu apresentava o trabalho, o modo como conduzia a reunião e abordava a proposta como um todo que determinavam o valor que o projeto teria.

As pessoas estão dispostas a pagar muito mais quando você desperta uma emoção nelas. O que te faz voltar a um restaurante não é apenas a comida, mas o modo como foi recebido, as memórias dos momentos vividos ao lado de pessoas queridas e o que você sentiu ao sentar-se àquela mesa em um primeiro encontro.

Quando estou na minha casa em Nova Jersey, gosto de preparar meu próprio café pela manhã. Mas, assim que coloco os pés em Massachusetts, corro para o Dunkin' e faço o pedido de sempre: um cappuccino com leite de amêndoas e um bagel simples, torrado, com cream cheese. De repente, sou adolescente outra vez, tomando um café com meus amigos depois da aula. Quando vejo aquelas letras arredondadas e a cor laranja, minha mente viaja de volta na mesma hora para os dias da minha infância. E é maravilhoso poder retornar a essa fase, nem que seja por um instante.

Quando minha família se mudou para os Estados Unidos, o primeiro emprego do meu pai foi como padeiro em um Dunkin' na cidade de Framingham. Durante meu primeiro ano lá, eu sempre ligava para ele, pedindo que levasse doces e bebidas para casa.

44 VOCÊ NÃO É PARA TODO MUNDO

Mas sejamos sinceros: café é café. Seja do Dunkin', da Starbucks ou de uma cafeteria de bairro, o produto é basicamente o mesmo, com qualidade bem parecida. O que nos faz preferir um ou outro são as emoções que a experiência, o ambiente, as memórias associadas à marca e até o design do copo despertam em nós.

"

BRANDING É O ECO DA SUA PRESENÇA NO SILÊNCIO DA SUA AUSÊNCIA.

BRANDING POR ASSOCIAÇÃO

Todos nós já vimos isto: celebridades circulando por aí exibindo bolsas, sapatos ou carros específicos. E, de repente, vira uma febre. Todo mundo quer dirigir, todo mundo quer usar, todo mundo quer ter. As fotos fazem parecer que os famosos em questão estavam apenas vivendo seu dia com um produto que, em breve, será desejado por muitos. A verdade é: qualquer marca que uma celebridade use tem chance de ver um aumento tanto em seu valor quanto em seu lucro. O produto desaparecerá das prateleiras e dos ecommerces em dias (ou até horas).

E quanto às celebridades em comerciais de beleza? Rostos conhecidos em pôsteres de perfumes? Por que as marcas insistem em fazer campanha com pessoas famosas? Branding por associação. Esse é o segredo para elevar o valor de uma marca e alcançar rapidamente um novo público. As marcas aproveitam as emoções que as personalidades que contratam evocam.

Um exemplo é Timothée Chalamet para a Chanel. Por que a Chanel gastaria milhões em um comercial com noventa segundos de duração e ainda traria Martin Scorsese para dirigi-lo? Por que a narrativa de uma campanha de perfume seria sobre "descobrir quem você é"?

Porque, ao associar o perfume Bleu a Timothée, a Chanel posicionou sua fragrância icônica como uma tela em branco, pronta para criar uma nova história.

Os millenials estão muito familiarizados com o rosto anterior do perfume: Johnny Depp. Crescemos assistindo aos filmes dele. Para os millenials, ele era o Jack Sparrow, o Sweeney Todd, o Chapeleiro Maluco. Para as gerações Z e Alpha, Depp é uma figura controversa, envolvida em escândalo atrás de escândalo. Seus personagens ficam em segundo plano.

Fui assistir a uma palestra de David Grutman em 2022. Foi breve, mas, no tempo que teve, David ensinou ao público a importância dessa estratégia. Ele elevou seus negócios e sua imagem ao ser visto com pessoas estratégicas. Me lembro claramente de quando ele disse: "Mas o que estar ao lado de um jogador de basquete ou de um influenciador tem a ver com hospitalidade?".

Associação. De repente, o dono de um império da hospitalidade estava rodeado pelas personalidades mais influentes de Hollywood. Isso não quer dizer que amizades e relacionamentos genuínos não tenham surgido a partir dessa iniciativa — gosto de pensar que sim. Mas a verdade é que David foi intencional a respeito do que tornava público.

O público pensa assim: "Ah, se o João está se associando à Maria e garantindo que todos saibam disso, ele deve gostar dela. Vamos pesquisar sobre ela". A probabilidade de que também passemos a gostar da Maria é alta.

A associação gera um impacto ainda maior, e esse é o principal motivo pelo qual as marcas fazem parcerias com personalidades ou mesmo com outras marcas. Seja com roupas, livros ou café, usamos as marcas como forma de autoexpressão. Já não se trata de um sapato, mas de um sapato específico que uma pessoa influente usou. Aqui estão algumas colaborações que ainda estão na nossa memória: Kim Kardashian para Balenciaga, Nike e Michael Jordan, Gucci e Disney. Para o bem ou para o mal dessas marcas, suas campanhas são memoráveis, e se tornaram fontes de inspiração e debate.

A associação garante que as pessoas façam o que mais gostam de fazer: falar. Falar sobre o que é bom e sobre o que é controverso.

Da mesma forma que nos arriscamos em relacionamentos, marcas e empresas correm riscos com associações.

Ser o assunto reforça uma posição de poder. Um projeto inteiro pode alcançar novos patamares ou desmoronar por causa da marca e das pessoas envolvidas.

A associação não se trata apenas de um rosto. É sobre o público que segue esse rosto e a marca. Valores e mensagens são entrelaçados diante do público.

Pense comigo: ao se casar, dependendo do acordo, você compartilha bens. A associação funciona do mesmo jeito: você compartilha valor de marca e expansão de audiência.

Um exemplo disso é a parceria entre Havaianas e Dolce & Gabbana. As sandálias foram criadas e popularizadas nos anos 1960 e, até hoje, são as mais usadas no Brasil. Para se posicionar no mercado de luxo, a Havaianas se uniu a Dolce & Gabbana para lançar uma coleção exclusiva. O design das sandálias manteve o clássico da

Havaianas, mas com os padrões inconfundíveis da Dolce. Na sola, lia-se: "Dolce & Gabbana & Havaianas".

Um produto já famoso no mercado foi instantaneamente elevado ao consumidor de produtos de luxo. *Se até a Dolce entrou na onda, então também vou usar.*

A associação a outras marcas também traz riscos. A campanha da Balenciaga de 2022 deu o que falar. Ainda me pergunto como é que fotos de crianças segurando ursos de pelúcia com arneses foram revisadas, aprovadas e divulgadas sem que ninguém pensasse: "Nossa, isso pode dar muito errado". A campanha obrigou Kim Kardashian (que sempre demonstrou publicamente seu amor pela marca) a se pronunciar.

Toda figura pública é cobrada pelo seu público. Entendo a necessidade de privacidade. Deus sabe que todos precisamos. Mas há certos momentos em que é necessário se posicionar sobre situações que afetam sua marca pessoal e sua mensagem.

Os valores são importantes quando falamos de associação. As pessoas julgam. Você é, essencialmente, uma vitrine, e as pessoas vão julgá-lo dependendo de a quem você se associa.

Agora vou falar por experiência própria. Cresci em um ambiente evangélico e ouvi, muitas vezes, que eu não devia me misturar com "pessoas mundanas" (como se o restante de nós fosse de Marte) em certos lugares, porque, se vissem isso, os membros da igreja pensariam que eu estava me desviando. Para quem não está familiarizado, "desviar-se" é o termo usado pelos cristãos para se referir a alguém que está se afastando da fé.

Vamos analisar isso. O que *realmente* acontece é que acreditam que sua associação com alguém fora do padrão deles transmite uma mensagem ambígua. Como pode alguém de fé ser visto em um bar gay bebendo um drinque sem levantar questionamentos?

Agora, imagine que sou um palestrante religioso e posto uma foto minha em uma sex shop. Quem disse que palestrantes religiosos não compram brinquedos sexuais? Todos deveriam viver ao máximo, contudo seria ingênuo ignorar as associações indesejadas que uma foto assim traria para a imagem do palestrante.

É muito provável que as pessoas não pensassem de imediato que "Uau, esse homem realmente aproveita vida que Deus lhe deu" ou "Ele e a esposa devem se divertir bastante juntos!".

É bem possível que os primeiros pensamentos fossem de escândalo e choque. Não há necessidade de tornar pública a vida sexual. Mesmo que a maioria de nós tenha uma.

A associação de marca, ao construir um negócio, é crucial. Portanto, seja inteligente ao tornar algo público. O que você compartilha pertence ao mundo, e as pessoas terão o poder de concordar ou criticar.

Alcançamos a imortalidade na era digital. O que compartilhamos hoje continuará existindo por anos e anos a fio. Muitas pessoas estão buscando anonimato porque sabem que os conteúdos sobreviverão a todos nós. Se você é um empreendedor criativo, não encare suas redes como um diário pessoal.

Aqui estão algumas dicas para ajudá-lo. Sempre que você estiver prestes a tornar algo público, pergunte-se:

1. Isso contribui para a percepção que as pessoas têm da minha marca?
2. Se as pessoas concordarem com a minha mensagem, como isso ressoará para mim no futuro?
3. Como os haters vão reagir?

Os empreendedores precisam estar preparados para esses cenários e aprender a usá-los a seu favor. Cada passo deve ser calculado. Sentimentos não são desculpas. Não compartilhe algo simplesmente porque está com vontade. A intencionalidade é sua melhor amiga no jogo da associação.

Isso nos leva ao próximo ponto. Pense no/a seu/sua melhor amigo/a. Com quem você associa essa pessoa? Em breve você entenderá por que isso é importante.

"

QUANDO FAZEMOS ASSOCIAÇÕES,
GARANTIMOS QUE AS PESSOAS
POSSAM FAZER ALGO QUE
ADORAM: FALAR. FALAR SOBRE
O QUE ESTÁ DANDO CERTO, OU
SOBRE O QUE É CONTROVERSO.

O CÍRCULO

Não dá pra dizer exatamente quando o círculo foi inventado. Ele simplesmente sempre existiu. Depois, veio a roda — e, com ela, a capacidade de nos movermos muito mais rápido do que antes. Carruagens, carros, mobilidade.

Chamo esta parte da nossa conversa de "o círculo" não só para falar das pessoas ao nosso redor, mas também para refletir sobre como o ambiente pode nos impulsionar, nos estagnar ou até nos fazer retroceder.

Todo mundo já ouviu aquela frase: "Você é a média das cinco pessoas com quem mais convive". Quero ir além. Somos também a soma dos livros que lemos, das notícias que acompanhamos, das séries que assistimos. Somos responsáveis pelas relações e pelas informações que deixamos entrar na nossa vida.

Um dos meus passatempos preferidos é ficar vendo vídeos de bichinhos. Já vi alguns que me fizeram refletir: patos que acham que são galinhas e cachorros que tentam andar como as crianças com quem brincam. É engraçado, mas também um pouco triste.

Penso: quantos de nós passam a vida toda sem conhecer nosso verdadeiro potencial? Talvez aquele pato nunca saiba o que é nadar num lago ou voar de verdade porque acredita que nasceu pra ciscar o chão. Talvez o cachorro se ache um fracasso por andar sobre quatro patas, quando na verdade ele é incrível do jeito que é.

Muitas vezes, deixamos de ser quem realmente somos e de fazer o que somos capazes de fazer porque estamos cercados pelas pessoas erradas. Assim como a natureza, nós mudamos com o tempo e precisamos de novos ambientes para crescer.

Mesmo dividindo o planeta com bilhões de seres, cada um de nós é um universo único. E é essencial cuidar de quem a gente permite entrar no nosso espaço. Se o nosso círculo não reflete nossos valores, nossa capacidade de influenciar genuinamente vai por água abaixo.

"Mas J.D., o que patos e galinhas têm a ver com branding?" Tudo. Branding também é sobre as companhias que mantemos. Curar — sim, *curar* — o seu círculo é fundamental. Sua marca pessoal pode decolar ou desabar dependendo de quem estiver ao seu lado.

Projetos incríveis naufragam porque a equipe foi mal recrutada. E, o pior, muitas vezes os responsáveis não têm coragem de afastar as pessoas que não deveriam estar ali, com medo de magoá-las.

Não estou incentivando você a ser um babaca. Estou te incentivando *a se posicionar* a fim de que possa criar um ambiente que impulsione o seu crescimento. Muitas pessoas passam anos fazendo algo que detestam por medo do que os outros vão pensar ou de como serão vistas.

Quando você se torna alguém que age, naturalmente atrai sonhadores — aqueles que gostariam de ser tão ousados ou corajosos quanto você. E tá tudo bem que as pessoas queiram algo de você. No fundo, todo mundo quer algo.

Gostamos da Maria porque ela é divertida. Amamos o João porque tem bom papo. Quero me aproximar de Steven Spielberg porque talvez ele possa ler uma das minhas histórias e decidir adaptá-la. Você quer aquele emprego porque ele abrirá novas portas. Um círculo forte é observado e invejado. Enquanto algumas pessoas chegam para somar, outras chegam só para se aproveitar. Não tem como escapar disso. Às vezes, consigo identificar essas pessoas de longe. Outras vezes, elas passam despercebidas e se infiltram. Quando isso acontece, em vez de me culpar, dou corda. Vejo uma oportunidade — lições e observações que levarei comigo por toda a vida. Quando percebo que estou no controle, deixo-as agirem. Sim, eu deixo. Observo os padrões de comportamento que me ensinam a ser um empreendedor criativo melhor — o jeito como falam, agem, as palavras que escolhem. Nunca baixo totalmente a guarda, mas deixo-as pensar que baixei.

No livro *As 48 leis do poder*, Robert Greene menciona a lei de esconder suas verdadeiras intenções. Esconda suas verdadeiras intenções enquanto conduz aqueles que buscam tirar vantagem para o caminho errado. Deixe-os na dúvida. E, quando perceberem que foram enganados, simplesmente irão embora.

O círculo é fonte de inspiração e proteção, mas também um professor. Observe sabiamente, e você aprenderá sem dor. Se tropeçar durante o caminho, você será acolhido pela empatia enquanto aprende.

"

MUITAS PESSOAS PASSAM ANOS FAZENDO ALGO QUE DETESTAM POR MEDO DO QUE OS OUTROS VÃO PENSAR OU DE COMO SERÃO VISTAS.

OS PERSONAGENS DA SUA HISTÓRIA

Olha, criar os personagens que irão habitar, viver e morrer nos universos que idealizo me satisfaz imensamente. Você deve ter ouvido falar da regra das dez mil horas, popularizada por Malcolm Gladwell. Resumindo: você precisa investir dez mil horas em algo para realmente se tornar bom naquilo. Eu desenho, crio e escrevo há tanto tempo que nem me lembro de quando, exatamente, comecei. E, para falar a verdade, criar personagens é algo que faço há ainda mais tempo.

Contudo os personagens não podem existir sem um ecossistema próprio. E as histórias não podem existir sem a reação e a imersão do público. Tanto a narrativa quanto a construção de mundos são essenciais no jogo da narrativa (seja fantasia ou não). Durante a minha infância, eu me trancava no meu quarto com caneta e papel, colocava a fita cassete da trilha de *Titanic* ou *Jurassic Park* e escrevia e desenhava por horas. Inventava as histórias mais loucas. De super-heróis se perdendo em um safári a um navio-fantasma afundando em águas escaldantes, ou um casal apaixonado sendo devorado por dinossauros. Ver meus personagens ganharem

58 VOCÊ NÃO É PARA TODO MUNDO

vida nos mundos que criava fez com que eu tivesse certeza sobre o que eu queria fazer na vida.

Criar personagens é uma experiência alegre e terapêutica para mim. Como escritor que trabalha em vários gêneros, posso dizer, com confiança, que, não importa quão épica seja a história, os leitores sempre se conectarão com a humanidade por trás de cada personagem. Tenho certeza de que você não é alheio a histórias, programas e filmes com criaturas míticas. Veja os dragões, por exemplo: são ferozes e criaturas quase invencíveis. Sei que não sou o único que sente uma dor no coração quando o dragão morre no meio de uma batalha violenta.

Seja em um mundo mágico ou comum, conceber a personalidade, os pontos fortes e as fraquezas de um personagem exige criatividade e... você está pronto? Pesquisa. Na mídia, os personagens têm valor monetário, e quanto mais o público se conecta com eles, mais valiosos eles se tornam. Claro, os superpoderes e as habilidades especiais são fantásticos, mas são a coragem, a fragilidade e até mesmo a maldade que os tornam cativantes. Nenhum personagem pode ser perfeito porque a perfeição é chata e previsível. Os personagens mais marcantes são, muitas vezes, os mais interessantes, e é isso que mantém o público interessado por mais tempo.

Nos últimos anos, as obras mais memoráveis — sejam livros ou séries — são aquelas que nos apresentam personagens por quem torcemos e, ao mesmo tempo, questionamos a cada passo. Como sociedade, deixamos para trás uma visão de mundo simplista, em preto e branco, e abraçamos uma perspectiva mais complexa e cheia de nuances. Essa transformação também se reflete no comportamento dos consumidores.

A arte de criar personagens exige um mergulho na psique humana — nas nossas vitórias, derrotas, necessidades e dores. Toda história precisa de profundidade emocional. O mesmo vale para os personagens que habitarão seu ecossistema pessoal — aqueles que vão apoiar sua marca, discordar de você e até questioná-lo. Você precisa criar mundos para todos eles. Sim, até seus personagens mais ambíguos precisam de um ambiente no qual possam prosperar (por mais questionáveis que sejam suas atitudes).

Eu sabia o que queria fazer quando escrevi *The Echoes of Fallen Stars: Immortal Crowns*. Claro, o livro foi uma expressão artística. Mas, como produto, meu objetivo era lançar algo chocante, provocador e poético. Eu estava pronto para um novo público — um público que ansiava por mais ousadia.

Para quem não conhece minha fantasia sobre anjos caídos, a série é uma releitura da história do Criador e de Lúcifer. Acompanhamos Bellwound, o filho perdido de Lúcifer, vivendo uma vida simples em uma aldeia remota. Ele é secretamente apaixonado por seu amigo de infância, Arnon.

Ao receber a visita de um Nephilin, Bellwound descobre que seus pais guardavam em segredo a epístola de Lúcifer, e parte em uma jornada para proteger esse artefato sagrado — apenas para descobrir que Lúcifer e o Criador foram amantes antes de se tornarem inimigos.

Talvez você tenha franzido a testa. Talvez tenha sorrido. Mas, de um jeito ou de outro, você teve uma reação. E este era o objetivo: causar uma reação que tornasse os livros inesquecíveis. Eu queria que eles transmitissem uma mensagem clara ao meu público atual e futuro: eu sou um autor ousado.

60 VOCÊ NÃO É PARA TODO MUNDO

Eu sabia que poderia haver reações negativas. E estava preparado — quanto mais falassem sobre os livros, mais o público certo se interessaria. Alguns meses depois, a Dreamscape Lore comprou os direitos de áudio da série. Um ano depois, a capa do segundo livro estampava o enorme painel da Nasdaq, na Times Square. Eu sabia que essa exposição geraria mídia. E gerou tanto elogios quanto críticas questionáveis. Na semana do lançamento, recebi uma ligação de um repórter conhecido por seus artigos publicados em um veículo de mídia republicano. Ele me questionou sobre a censura de livros e sobre personagens *queer* na literatura. Durante a entrevista, perguntou minha opinião sobre a suposta queda na lucratividade de propriedades intelectuais (PI) quando personagens *queers* eram protagonistas.

Parafraseando, minha resposta foi mais ou menos assim: "Não posso falar sobre a lucratividade de um estúdio em relação às suas propriedades intelectuais, mas posso dizer que, se eu tivesse visto personagens *queer* representados como heróis, teria economizado milhares de dólares em terapia".

Eu já esperava que personagens como esse repórter surgissem no mundo que criei. Na verdade, eu queria que isso acontecesse. Elaborei uma história para que pessoas como ele reagissem do jeito que eu queria. Esses livros foram minha forma de explorar os extremos da aceitação e da crítica. Com eles, não há meio-termo: ou são intensamente amados ou profundamente odiados.

Aplique esse princípio ao empreendedorismo criativo. Seu negócio/sua marca é o mundo que você está construindo. Se, na ficção, a construção de mundos é essencial, no empreendedorismo isso cabe ao branding e à narrativa.

Para dar vida a esse mundo, você precisa dos seus personagens. Precisa de um protagonista — alguém que carregue a tocha e encarne tudo aquilo que você defende e combate. Toda boa história também precisa de personagens coadjuvantes. Não dá para todo mundo ser o centro das atenções o tempo todo — caso contrário, o enredo pode confundir o público. Vou ajudar você a entender esses personagens e o papel que eles desempenham na narrativa da sua marca.

O ANTAGONISTA

Em uma boa narrativa, é sempre interessante ter um oponente à altura do protagonista. Na vida real? Mas goste você ou não, será necessário abrir espaço para seus antagonistas. Se for capaz de prever seus movimentos e comportamentos, você colherá os frutos do julgamento do seu público.

Vou partir do princípio de que você conhece Taylor Swift. Independentemente da sua opinião a respeito das músicas, Taylor construiu um império justamente prevendo quais seriam as reações do público — tanto dos fãs quanto dos haters. A imprensa a critica por namorar demais? Ela responde com músicas que reforçam narrativas de empoderamento. Os críticos dizem que suas músicas são sem graça? Aqui está um novo álbum com vinte faixas e inúmeras edições especiais. Ah, disseram que ela era uma cobra? Aqui vai uma era inteira em torno do arquétipo da cobra. Os fãs torcem por ela. Os críticos falam dela. Os haters a deixam ainda mais famosa. E o império dela só cresce.

OS COADJUVANTES

Você conhece aquelas pessoas para quem manda mensagem e nunca recebe resposta, mas que você vê nas suas redes sociais? Pois é, dê as boas-vindas aos seus personagens coadjuvantes. Eles estão ali para aumentar os números e curtir seus posts, mas não espere uma reação sincera deles. Podem até parabenizar você por alguma conquista ou curtir algo que você compartilhou, porém dificilmente vão a um evento seu ou procurarão consumir um produto seu. Essas pessoas também têm seu lugar. Mantenha-as como seguidores e em suas newsletters. Ter o contato delas no seu rolodex (lista de contatos) aumenta o alcance da sua rede. E não leve suas ações para o lado pessoal.

Assim como uma mensagem precisa de um mensageiro, toda marca ou empresa precisa de pessoas para crescer. Aprenda a observar o comportamento delas sem tirar conclusões precipitadas. Quanto mais intencional você for ao interpretar as ações e reações ao seu redor, mais será capaz de construir personagens que fortalecem a narrativa da sua marca.

"

TODA HISTÓRIA PRECISA DE COADJUVANTES. NÃO DÁ PARA TODO MUNDO BRILHAR AO MESMO TEMPO.

SEJA EXCELENTE NO QUE FAZ

Desde cedo, eu sabia que queria ser dono da minha vida e da minha carreira. Embora isso soe bonito, a realidade é que você precisa de dinheiro para começar a fazer as coisas acontecerem.

Nunca vou me esquecer da primeira vez que ganhei dinheiro com design gráfico. Eu tinha quinze anos e estava no ensino médio, e minha mãe tinha chegado em casa comentando que uma amiga de suas amigas precisava de um cartão de visitas. Fiquei feliz com o trabalho, mas foi um desafio criar aquela arte: passei horas fazendo algo que deveria ter levado bem menos tempo.

Depois da escola, eu comia, tomava um banho rápido e ia para o Shopper's World para meu turno na loja de departamentos Marshalls. Foi aí que percebi: se eu queria trabalhar o quanto antes como designer, precisava desenvolver minhas habilidades. O pouco dinheiro que ganhava era usado para comprar cursos on-line. Enquanto todo mundo em casa dormia, eu estudava para aprender a criar camadas, trabalhar com tipografia, a diferença entre RGB e CMYK, e assim por diante.

Uma ficha caiu para mim. Não importa a área, todo mundo precisa de design gráfico (a menos que a empresa queira continuar na

Idade das Trevas). Fiquei obcecado por criar pôsteres inspirados nas bandas que eu amava e compartilhá-los no meu blog. De repente, havia pessoas acompanhando meu trabalho. Queriam mais. Eu andava pela cidade procurando inspiração para meu próximo post em cartazes de filmes, encartes de CDs, folhetos de DVDs e revistas. Tudo servia de inspiração para eu aprimorar minhas habilidades.

Foi durante uma dessas caminhadas que me deparei com uma gráfica local, cujos proprietários eram brasileiros. Fui direto falar com o dono e comecei a conversar sobre o que sabia fazer como designer gráfico. Quando mostrei meu blog, me ofereceram o cargo de designer júnior. Como eu estudava em uma escola técnica, tive a oportunidade de trabalhar em período integral e concluir o ensino médio ao mesmo tempo. Tudo que eu tinha que fazer era provar para a escola que era capaz de dar conta das tarefas. E foi o que fiz.

Alguns anos depois, já morando na Flórida, recebi uma proposta para trabalhar em uma empresa de imóveis de luxo. Na época, hesitei em aceitar a oferta porque passaria muito tempo em deslocamento. Mas então elaborei um plano.

Eu tinha acabado de escrever meu primeiro romance. Trabalhar em período integral na imobiliária me daria visibilidade, uma rede de contatos prestigiada e recursos financeiros para aprimorar minhas habilidades de escrita e design. Não há nada de errado em trabalhar das 8h às 18h. No começo da nossa jornada, é o emprego fixo com expediente das 8h às 18h que garante o dinheiro necessário para você investir no seu desenvolvimento. Afinal de contas, não existe almoço grátis.

66 VOCÊ NÃO É PARA TODO MUNDO

Tenho visto cada vez mais influenciadores construindo suas narrativas falando sobre os tais empregos formais, das 8h às 18h. Nem todo mundo sonha em ser um empreendedor criativo. E tudo bem. Mas existe uma verdade que se aplica a cada um de nós: continuaremos aprimorando nossas habilidades até o dia da nossa morte. Você pode alcançar a fama. Pode ser a próxima grande estrela. Pode, um dia, lotar estádios e lançar músicas que atravessarão gerações. Ainda assim, você precisará continuar aprimorando as habilidades que já tem.

Tenho orgulho do jovem adulto que fui, que teve a coragem de lançar seu primeiro livro. Se eu lesse aquele livro hoje, reconheceria o quanto evoluí como escritor e contador de histórias. Tenho uma caixa onde guardo meus primeiros trabalhos como designer gráfico — folders, revistas e cartões que criei para clientes há mais de dez anos. Consigo notar o quanto evoluí quando olho para esses materiais.

Avançando para o presente: se eu relesse os livros que publiquei nos últimos três anos, identificaria pontos nos quais posso evoluir. Escuto minhas palestras e identifico o que preciso melhorar.

Uma nova rede social vai surgir. Uma nova plataforma de web design será criada. Novas ferramentas para empreendedores surgirão. Sempre haverá espaço e necessidade de crescermos no que fazemos.

Aperfeiçoar suas habilidades é a chave para continuar relevante. Adaptar-se é o que diferencia quem vai se destacar e quem vai ficar para trás.

O que funcionava dez anos atrás em algumas áreas já não funciona mais. Eu me lembro de quando as redes sociais entregavam conteúdo diretamente aos nossos seguidores, sem um algoritmo preciso. Você seguia alguém e via suas postagens. Hoje, se não entende de algoritmos e estratégias de mídia paga, seu conteúdo se torna irrelevante.

Aperfeiçoar seu ofício também significa estar atento ao que consome. Trabalha com consultoria financeira? Leia sobre a sua área, assista a vídeos, ouça podcasts. Confeitaria? Então reserve um tempo para aprender novas receitas e aperfeiçoar suas técnicas.

Como designer, estou sempre de olho nas novas tendências, lendo revistas e livros, consumindo conteúdos que me inspiram a melhorar. Como autor, observo tendências, comportamentos e mudanças no mercado editorial para continuar escrevendo histórias relevantes. Como estrategista de marca, acompanho a evolução das narrativas e do storytelling na sociedade.

Mas há um denominador comum a todos os setores — que sempre norteará o motivo pelo qual as marcas se estabelecem.

Como as pessoas estão se comportando hoje em dia?

E, sim, eu quero saber *como*. Na sua área de atuação, estão mais propensas a deslizar por gráficos ou assistir a vídeos curtos? Talvez nem estejam online. Pode ser que consumam mídia impressa, e é lá que seu engajamento precisa acontecer.

Seu talento pode fazer você chegar longe, mas é compreender como as outras pessoas se sentem que vai te manter no topo.

"

APERFEIÇOAR SUAS HABILIDADES É A CHAVE PARA CONTINUAR RELEVANTE. ADAPTAR-SE É O QUE DIFERENCIA QUEM VAI SE DESTACAR E QUEM VAI FICAR PARA TRÁS.

O VALOR DO SILÊNCIO

Vivemos numa era em que a gente seleciona nossos melhores momentos antes de compartilhá-los com o mundo, então é bem fácil é confundir barulho com progresso.

A cultura do hustle — aquela obsessão por estar sempre ocupado — deixou de ser moda e virou pandemia. Trabalhe. Crie. Poste. Trabalhe de novo. E se sobrar tempo livre? É porque você é fraco.

O problema? Vemos pessoas com ideias incríveis sendo soterradas pela necessidade de parecer produtivas o tempo todo em vez de construir algo duradouro.

"J.D., sobre o que exatamente estamos falando agora?"

Vamos lá: no design gráfico existe um conceito chamado espaço negativo. São os espaços vazios que dão à arte um respiro. O espaço negativo confere clareza e ordem.

Assim como o design precisa de espaço, a gente também precisa. Precisamos estar confortáveis nos silêncios profundos da vida — nos momentos em que trabalhamos nos bastidores.

Sejamos honestos: é cada vez mais difícil desgrudar do celular. Ele conecta, mas também vicia. E o pior: pode ser um gatilho para a procrastinação e a autocrítica.

70 VOCÊ NÃO É PARA TODO MUNDO

Imagine só. Você está ali, focado no seu projeto. Faz uma pausa, abre o celular. Primeiro vídeo: um jovem de vinte e poucos anos ensinando como ter um milhão no banco antes dos 25. Passa mais um pouco: econômicos apocalípticos dizendo que é loucura abrir um negócio agora. De repente, todo mundo parece superprodutivo. Estão trabalhando incansavelmente em direção aos seus objetivos e sonhos. E você? Já se sentiu como um bicho-preguiça pendurado, vendo todo mundo escalar sem parar? Ou como uma tartaruga deixada para trás, enquanto os outros disparam em direção ao sucesso e parecem sempre mais rápidos do que você?

O que não conseguimos perceber é que cada pessoa criou uma narrativa cuidadosa com suas postagens. Não vemos o porquê por trás do que é mostrado. E, em vez de focar na nossa própria história, entramos no modo reativo. *Não posso ficar para trás. Preciso mostrar ao mundo que estou trabalhando em direção a algo.*

Você procura uma foto ou vídeo que te permita fazer parte do clube. Não dá para ficar escondido enquanto todo mundo parece estar nos holofotes. Você cede à emoção. Publica sem pensar. A vaidade rouba o lugar da intencionalidade.

Não estou jogando pedra, viu? Eu também já caí nessa armadilha. Enquanto trabalhava em segredo no meu projeto criativo, era bombardeado por notificações de progressos alheios. Me sentia um impostor, precisando da validação instantânea do meu público.

O ciclo é cruel: Você vê. Você posta. Você rola o feed. Você se compara.

Pouco se fala sobre o poder do silêncio. A verdade é que podemos controlar nossas ausências, e há poder em não ser visto. A ausência causa burburinho. *O que será que fulano/a anda fazendo?*

A frase "longe dos olhos, longe do coração" pode até fazer sentido, mas tudo que é visto com muita frequência pode se tornar banal e cansativo.

Um amigo me perguntou por que fiquei mais seletivo com o que compartilho nas redes sociais. Minha resposta foi simples: "Quero que as pessoas fiquem animadas quando eu compartilho algo, não acostumadas com isso".

Recebe e-mails demais de uma empresa? Você bloqueia. Seu artista favorito lança música toda hora? Você perde o entusiasmo. Ligações em excesso? Cansa.

O silêncio cria espaço para um recomeço, gerando expectativa pelo que vem a seguir.

Isso, no entanto, não é uma desculpa para não agir quando a oportunidade surge. Trata-se mais de resistir à necessidade de recompensas imediatas e da mania de mostrar cada passo do processo em vez de apresentar o resultado final. Nosso desejo por validação pode facilmente se tornar inimigo da criação.

Quando comecei a escrever, fiz isso simplesmente pelo prazer de contar uma história. Demorei seis anos para terminar de escrever meu primeiro livro. Nunca havia pensado em publicá-lo — era apenas um experimento. Ninguém sabia que eu estava escrevendo, por isso foi uma grande surpresa quando contei no que estava trabalhando. Notei o respeito que as pessoas começaram a ter por mim, mesmo que o livro ainda não tivesse sido publicado.

Claro que, depois de publicado, vieram os contratos e os prazos. E ainda hoje preciso me lembrar constantemente do poder do silêncio.

O silêncio instiga a curiosidade e permite que as pessoas criem suas próprias narrativas. Vários artistas usam o silêncio a seu favor. Adele lança um álbum, sai em turnê e depois desaparece por anos. Preciso falar da Rihanna? E de George R. R. Martin? Será que um dia ele termina *As crônicas de gelo e fogo*?

Seria tolice falar de silêncio sem mencionar a pressão que enfrentamos na criação de conteúdo. Independentemente da sua área, todo mundo está produzindo algo para se manter relevante — ou, ao menos, para não ser engolido pelos algoritmos.

Embora isso seja uma mudança relativamente recente, que todos tivemos que aceitar, lembre-se: tendências vão e vêm.

Adapte-se, mas jamais se acomode.

"

NEM TODO BRILHO É OURO.

NEM TODO BARULHO É PROGRESSO.

QUANDO VOCÊ NÃO ESTÁ POR PERTO

A verdade é que as pessoas formam opiniões a seu respeito mesmo quando você não está por perto. Isso é fato. As pessoas falam. Outro fato. Esteja você presente ou não para ouvir, alguém, em algum lugar, está falando de você. E não é fofoca. Não é sua família reunida na sala de estar, comentando sobre a sua vida. São seus potenciais clientes, sua rede de contatos, seus consumidores, seu público.

Aceitar o fato de que as pessoas sempre terão algo a dizer confere a você o poder sobre sua narrativa. E não, isso não é manipulação. Trata-se de inspirar.

O que acontece quando consumimos um bom produto ou vivemos uma experiência incrível? A gente fala sobre isso. Contamos para amigos, familiares, postamos nas redes sociais. É da nossa natureza compartilhar.

O mesmo vale para experiências ruins. Em 2014, logo após minha primeira sessão de autógrafos em Nova York, decidi sair para jantar com alguns amigos. Encontramos um restaurante italiano no SoHo com avaliações excelentes. A promessa eram massas caseiras, bons drinques, enfim, uma experiência completa.

Nós quatro nos sentamos e o garçom trouxe o cardápio. Meu amigo e eu ficamos empolgadíssimos ao percebermos que poderíamos acrescentar camarão à nossa massa e pedimos sem olhar o preço. Nós esperávamos pagar um pouco a mais pelos camarões, mas cobraram 75 dólares a mais! O preço saltou aos nossos olhos segundos — juro! — depois de o garçom ter se afastado.

Quando pedimos para mudar o pedido, disseram que não dava. Fiquei encarando o homem com uma expressão neutra, pensando em um milhão de coisas que poderia dizer. Mas estávamos comemorando. Eu tinha acabado de sair da minha primeira sessão de autógrafos em Nova York, e o evento havia sido um sucesso, com ingressos esgotados. Decidi relevar. A massa seria fresca e o molho caseiro...

Meu amigo e eu havíamos deixado pra lá. Mas tivemos que declarar guerra: a massa estava congelada e o camarão mal cozido...

Até hoje essa continua sendo a refeição mais decepcionante da minha vida.

Já se passaram dez anos, e nunca mais voltei àquele restaurante. Sempre que meus amigos de outros lugares vão a Nova York, eu faço questão de avisar: fiquem longe daquele lugar.

A gerência do restaurante em questão achou ok servir uma refeição gelada e não devolver o dinheiro. Mas tenho certeza de que não esperava que sua atitude ainda estivesse sendo discutida anos depois. Talvez eu te conte o qual é o restaurante se você me mandar uma DM. Vamos ver. Esta conversa é entre você e eu.

Tentar controlar as narrativas dos outros sobre você leva à loucura. Esse não é o ponto aqui. A questão é ser intencional em relação à experiência que você quer que as pessoas tenham com a sua marca. O que você quer que elas digam quando você não estiver por perto? Se você quer que elas amem o que você entrega, precisa ter um plano sólido para que o público se conecte com a sua mensagem. O que elas ganharão com a sua história? Qual é o fio narrativo que você usará para manter o engajamento? Se quer causar impacto, prepare--se para lidar com elogios e críticas em igual medida.

Se for capaz de presumir as eventuais reações do público, terá nas mãos a possibilidade de fazer sua marca ir muito além do que você imagina. Não se iluda: não se constrói uma campanha de marketing apenas com elogios. A crítica pode ser uma ferramenta poderosa para impulsionar uma marca.

Fique sempre de olho nas críticas e no que é dito quando você não estiver por perto. Como eventuais críticas podem despertar a curiosidade de outras pessoas e levá-las até você? E, quando esse novo público chegar, o que ele irá encontrar?

As campanhas políticas têm por base esse princípio. Escândalos provocam curiosidade. Críticas geram cliques. O resultado é um aumento exponencial nas buscas por determinada pessoa ou assunto.

Já ouvi falar de políticos cujas equipes desenvolvem campanhas minuciosas contra eles mesmos, apostando nos temas com maior potencial de gerar controvérsia e repercussão.

Pode ter certeza de que as reações que temos aos vídeos, anúncios ou artigos são exatamente o que esperam de nós. A controvérsia se espalha mais rápido que qualquer outra mensagem.

Não, não temos que concordar com escândalos, mas eles são a realidade. Isso não é um incentivo para criar algo ofensivo a ponto de que seu público atual ou futuro não se identifique com você. É um convite para o quadro branco da criatividade. Digamos que sua marca tenha como missão empoderar determinadas comunidades. Quem apoia sua causa se unirá à mensagem. Já quem é contra vai causar a discórdia. Pense no que essas pessoas vão dizer e fazer. Imagine as reações mais prováveis de ambos os lados. E pergunte a si mesmo: como eu posso usar tudo isso a meu favor no fim das contas?

"

A VERDADE É QUE AS PESSOAS
FORMAM OPINIÕES A SEU RESPEITO
MESMO QUANDO VOCÊ NÃO
ESTÁ POR PERTO.

NÃO

Não importa se você está construindo uma marca, lançando um produto ou simplesmente curioso/a sobre o assunto, a palavra "não" é sua melhor amiga.

Uma das palavras mais curtas da língua portuguesa também é uma das mais temidas — e, muitas vezes, mal utilizada. Tem muita gente que encara essa palavra como algo ruim, achando que usá-la faz com que pareçamos os piores vilões.

Eu costumava ser do tipo que quer agradar. Descobri que tinha talento quando ainda era bem jovem. O artista em mim adorava atenção — afinal, os artistas desejam um público. Meu talento despertava emoções nas outras pessoas.

A música era outra das minhas paixões, mas foi só no começo da adolescência que decidi me aventurar por ela. Eu observava meu amigo tocando teclado e me perguntava como ele sabia que determinadas combinações resultariam em uma melodia tão bonita. Após algumas aulas, aprendi o essencial e segui em frente. Depois, comecei a cantar.

A igreja teve um papel importante na minha vida durante a adolescência. Havia muita validação naquela comunidade se você tivesse um talento que te levasse para o palco. E eu, como todo adolescente, queria validação, e a encontrei na religião.

Embora meu intuito fosse conduzir o público ao louvor a Deus por meio das minhas apresentações, fui elogiado pela forma como fazia as pessoas se sentirem. E, aos poucos, comecei a dizer "sim" para tudo que me colocasse em evidência naquele meio.

A liderança da igreja exigia que os artistas fossem um exemplo público de obediência. De modo bastante passivo-agressivo, éramos incentivados a comparecer ao maior número possível de eventos. Sempre que eu ou outros músicos não participávamos de um desses compromissos, a liderança fazia questão de mencionar como os números musicais tinham sido fracos.

Eu era músico voluntário, mas, por medo de falar não, assumi responsabilidades que não eram minhas.

Disse "sim" para tocar em muitos cultos e eventos. No fundo, achava que estava dizendo sim para "servir ao Senhor".

Creio que parte de mim realmente acreditava nisso — contudo, eu já estava bem consciente de que participar da equipe de música não era, de fato, o meu trabalho.

Foi interessante observar a reação das pessoas quando meu eu bonzinho começou a dizer "não". De repente, eu era um rebelde, e, quanto mais me recusava, mais fui tendo clareza da verdadeira natureza daquela comunidade.

Muitas vezes, entramos em ciclos de frustração porque simplesmente não nos sentimos à vontade para dizer "não". Você pode culpar a criação que recebeu, a religião ou seus amigos, mas se estamos aqui neste café tendo essa conversa, você é adulto o suficiente para parar de culpar o mundo e começar a olhar para si mesmo.

Em um mundo onde as pessoas perdidas dizem sim, seja corajoso/a o bastante e diga não. Essa palavra é transformadora e pouquíssimo utilizada. Dizer "não" não faz de você rude. É uma afirmação de que você não é para todo mundo. Não dá para construir algo significativo de verdade sem que você seja capaz de dizer essa palavra. Alcançar seus objetivos exige dizer muitos "nãos" ao longo do caminho.

Eu me mudei para a região de Nova York em 2021 e logo percebi que, se dissesse sim a todas as oportunidades que a cidade oferecia, me perderia tentando agradar aos outros. Uma coisa é fazer networking e dizer sim para o que realmente importa para você. É por isso que começamos esta conversa falando sobre reflexão e autodescoberta.

Você não será bem-sucedido nem experiente na sua área de atuação por causa dos *sins*. É por meio dos *nãos* que você conquista o respeito dos outros.

O que eu mais gosto nesse conceito é que, ao filtrar sua vida dizendo não ao que já não faz mais sentido para você, é possível enxergar com mais clareza a realidade ao seu redor. Quem respeita você de verdade vai admirar sua convicção.

Aprender a ficar confortável com seus "nãos" pode ser assustador. A mente dispara, imaginando inúmeras de possibilidades sobre o que os outros vão pensar se você recusar um pedido. Uma vez recebi uma proposta para ser presidente de um grupo bastante influente de líderes. A imagem desse grupo havia sido seriamente prejudicada pela gestão anterior. A abordagem deles foi estratégica: precisavam de um novo rosto, alguém que pudesse se conectar com pessoas mais jovens. O cargo também me colocaria em contato com determinados líderes

82 VOCÊ NÃO É PARA TODO MUNDO

e empreendedores que poderiam gerar oportunidades de negócios. O porém? Aquela presidência teria de ser minha prioridade número um. Eu lideraria uma equipe inteira, pagaria pelo uso do nome (o que achei absurdo) e teria de assumir, sem remuneração, a campanha de reposicionamento da marca antes de receber retorno financeiro. Claro, o potencial parecia promissor, mas dizer sim significaria me afastar dos objetivos e ambições que eu já tinha. Eles questionaram o porquê da minha recusa. Tinham esse direito. Assim como eu tinha o meu: o de fazer o que era mais importante para mim.

O que as pessoas pensam de você não é problema seu. Siga seu próprio caminho — diga sim para o que faz sentido e não para o que não faz.

"

O QUE AS PESSOAS PENSAM DE VOCÊ NÃO É PROBLEMA SEU.

OS GANCHOS EMOCIONAIS

Todo mundo ama uma boa história. O tempo passa e, mesmo assim, continuamos ligados a personagens cujos destinos se desenrolam em meio a provações e desafios. Todo personagem tem três lados: quem ele é, quem ele pensa que é, e quem os outros acreditam que ele seja. Para que o público realmente se envolva, você precisa criar uma conexão emocional poderosa por meio dos personagens e da narrativa.

Não é novidade para ninguém: os seres humanos passam por momentos difíceis. Independentemente do seu status ou origem, a vida pode sair dos trilhos de vez em quando.

É bem mais fácil acolher aquilo em que somos bons do que encarar as nossas falhas e dizer: "Gosto delas também". Mas quero plantar uma sementinha na sua mente, uma frase que pode te ajudar a superar suas fases difíceis: a perfeição é inimiga da conexão.

O arquétipo do herói existe há milhares de anos. Não importa quantas histórias nós conheçamos, ainda sentimos frio na barriga quando o herói cumpre sua missão.

Mas não existe história boa sem altos e baixos. Se a jornada do herói se resumisse a êxitos, a trama seria rasa e não haveria qualquer chance de o público se conectar com ela.

Pense no seu livro ou filme favorito. O personagem principal é, provavelmente, um outsider, alguém que sonha com um propósito maior. Ou talvez seja alguém que prefere permanecer anônimo, mas o propósito maior o encontra. No final, é a distância entre de onde veio e aonde chegou que faz com que o protagonista seja digno da vitória.

Assim como a moda e a música, as narrativas mudam. Hoje enxergamos os tons de cinza — o mundo não é visto somente em preto e branco. Todo mundo sabe que para toda ação há uma reação. Mas me permita acrescentar algo: para cada ação há uma motivação.

As histórias dos anos 1980 e 1990 apostavam fortemente no mocinho e no vilão. O mocinho era pura luz. O vilão, pura escuridão. Nos últimos anos, estamos imersos em histórias nas quais os personagens são mais profundos. Mais complexos. O público quer conhecer o passado, anseia por camadas, contradições.

A questão já não se resume a quem é o herói ou quem é o vilão — mas quais são suas motivações. Algumas são deturpadas, outras, compreensíveis. No fim das contas, o que o público deseja é a estabilidade da narrativa com o elemento-surpresa do enredo.

Os gregos eram mestres na criação de personagens ambíguos. Zeus, embora o criador supremo, era infiel e vingativo. Dionísio era a personificação do caos e do êxtase. São muitos os exemplos, e, ainda hoje, essas histórias continuam nos servindo de inspiração.

Não, você não precisa viver como os deuses gregos, mas quero que se inspire e reconheça todas as camadas da sua história e compartilhe o que fortalecerá seu posicionamento.

Nem todo mundo segue uma marca nas redes sociais, mas as pessoas seguem quem está por trás dela. O público se interessa pela

86 VOCÊ NÃO É PARA TODO MUNDO

jornada. Se conecta com seu começo — humilde ou nem tanto —, com os degraus que você subiu e com as conversas difíceis que teve.

Eu começo.

Duas semanas depois do meu aniversário de doze anos, minha família se mudou para os Estados Unidos. Durante meu primeiro verão norte-americano, li todos os livros da lista de leitura da escola. Queria mergulhar na cultura o máximo possível porque, mesmo tão jovem, eu já sabia que minha história de imigrante me distinguiria.

Com o passar do tempo, percebi que manter viva a cultura brasileira em casa ao mesmo tempo que recebia uma educação e formação estadunidenses fez com que eu me conectasse com esses dois mundos.

Quando tinha vinte e poucos anos, muitos empreendedores brasileiros interessados na minha experiência com branding e design começaram a me procurar justamente por eu transitar pelas duas culturas. Diante das circunstâncias, muita gente pode ter duvidado de que eu conseguiria conquistar metade do que conquistei. Chegamos aos Estados Unidos com visto de turismo, sem contatos nem recursos financeiros, em busca de uma vida melhor. Sou filho de pais separados. Mas escolhi acreditar em mim.

Percebeu o que fiz? Tudo o que você acabou de ler é verdade, agora, porém, o meu trabalho e quem eu me tornei têm mais valor e significado por causa das dificuldades que enfrentei.

As histórias de imigrantes podem ser encaradas como fraquezas pelos próprios imigrantes. Como um brasileiro-americano, posso afirmar que isso é realidade. Quando era criança, ouvi muito esta frase: "É uma vida sofrida, mas conquistada". Nunca gostei dessa afirmação. "Conquistar" implica um sacrifício doloroso. Eu acredito que é uma vida que se constrói.

Para construir, são necessárias ferramentas, e você as tem. Não importa se vem de uma família simples ou famosa, o gancho emocional está atrelado aos desafios que enfrentou e ao que você conquistou. A narrativa não se compra. Ela deve ser escrita por meio da experiência. Talvez você tenha se lembrado de algumas pessoas famosas — gente com dinheiro e vida miserável. Algumas pessoas vão torcer o nariz diante das suas dificuldades. Aposto que você fez a mesma coisa quando mencionei "famosos". Porque imediatamente pensamos: "Isso não é uma dificuldade. Isso é privilégio". Viu como o gancho emocional pode levar o público à ação?

A religião é outro exemplo de conexão emocional poderosa. A morte leva à vida, a fé pode resultar em exclusão, e os joelhos dobrados dos privilegiados mantêm a engrenagem girando. A religião floresce onde a moral é ambígua. A complexa dinâmica entre os salvos e os condenados deu origem a uma comunidade global gigantesca que resiste há milhares de anos. Talvez seja a campanha de marketing mais bem-sucedida da história.

Vamos concluir esta parte da conversa com um exercício. Fique à vontade para usar as linhas a seguir, um caderno ou o aplicativo de notas do seu celular. À esquerda, escreva seus ganchos emocionais: imigrante, minoria, as peculiaridades que fazem você se destacar. À direita, para cada gancho emocional, descreva o público que você gostaria de alcançar. Esse exercício servirá como um impulso de confiança, uma forma de usar suas dificuldades como estratégia para construir conexões significativas.

Um brinde às nossas cicatrizes! 🥂

88 VOCÊ NÃO É PARA TODO MUNDO

Imigrante sem documentos — empreendedores aspirantes que não têm documentos

"

PARA CADA AÇÃO HÁ UMA MOTIVAÇÃO.

O CARÁTER PRECEDE O TALENTO

Ainda criança, entendi que meu talento abria portas para o diálogo. Seja por meio dos meus desenhos ou dos livros que escrevia, eu pegava carona na onda de oportunidades que surgiam por causa das minhas habilidades.

O talento, claro, dá uma massageada no ego. E não sei se alguém já te disse isso, mas uma dose saudável de ego faz muito bem para a alma. Afinal, o ego é nosso senso de identidade — e olhar pra dentro abre espaço pra uma relação mais equilibrada entre o mundo lá fora e o nosso universo particular.

O mundo sempre fica mais agitado quando surge um novo talento. Seja no palco, nos negócios ou nas redes sociais, a novidade sempre chama atenção. Só que basta um tempo para aquele "brinquedo maravilhoso" perder o encanto e se tornar apenas mais um.

Seu talento pode te deixar em vantagem a princípio, mas você não será capaz de continuar no jogo por muito tempo se não corresponder às expectativas. E não me refiro, aqui, à expectativa sobre o quanto você é bom no que faz. É sobre sua grandeza como ser humano.

O ego e o talento andam de mãos dadas. Um afaga o outro, e esse é o ciclo para todo empreendedor criativo. Todo mundo gosta de ser reconhecido por suas conquistas, mas depois que a novidade passa, o que realmente fica marcado não é o que você vendeu. É quem você é. Seu caráter é o que consolida a associação à marca — e à pessoa.

Agora, imagine esta cena: depois de várias reuniões e ligações, você finalmente fecha com um cliente importante. Ele se encanta com seu portfólio e mal pode esperar para começar a trabalhar no projeto com você. Duas semanas depois, quando você reaparece no meio da pilha de prazos, esse cliente não se lembrará do seu talento: se lembrará de como você entregou tudo com eficiência.

As pessoas se acostumam com o quanto você é bom no que faz. Quantos cantores lançam álbuns que fracassam por causa de uma crise de imagem? Eles continuam sendo bons cantores. Não precisam lembrar todo mundo de que sabem fazer o que fazem. O que faz o público se conectar é a história por trás de cada novo projeto, é a forma como o artista se reinventa em uma nova fase da vida.

Mas se essa narrativa for acompanhada por ataques de estrelismo, é bem provável que o público vire as costas ou simplesmente ignore. Conheci muitos criativos que perderam projetos mesmo sendo talentosos. Eram excelentes no que faziam, mas não cumpriam prazos, eram relapsos com seus e-mails e demoravam a responder. Talento sem comprometimento vira frustração.

Já trabalhei com designers e pessoas criativas do mundo todo. Por mais talentosos que fossem, se faltava caráter ou o mínimo de *respeito no trato*, eu encerrava a parceria — sem drama, mas com clareza.

Ninguém aguenta conviver com um ego inflado por muito tempo. O talento tem muito mais valor quando vem acompanhado de bons hábitos. Sim, a vida acontece. E ninguém é obrigado a compartilhar questões pessoais com colegas de trabalho. Mas ainda assim, podemos ser gentis e avisar sobre prazos, para que as expectativas possam ser realinhadas.

Seu talento é o produto. Mas sua postura profissional é a embalagem. E, do mesmo modo que as tendências mudam, a gente também precisa evoluir para que essa embalagem continue fazendo sentido. Durante uma palestra, levei dois frascos de xampu para o palco. Um era elegante: cores neutras, tipografia delicada. O outro, chamativo: cores vibrantes e tipografia pesada. Perguntei à plateia quanto achavam que cada um custava. O frasco elegante foi avaliado como três vezes mais caro. A pegadinha? Ambos continham exatamente o mesmo produto. Não importa quão talentoso/a você seja, a primeira coisa que as pessoas notam é sua etiqueta pessoal. É o que ficará na memória delas.

"

SEU TALENTO PODE TE DEIXAR EM VANTAGEM A PRINCÍPIO, MAS VOCÊ NÃO SERÁ CAPAZ DE CONTINUAR NO JOGO POR MUITO TEMPO SE NÃO CORRESPONDER ÀS EXPECTATIVAS. E NÃO ME REFIRO, AQUI, À EXPECTATIVA SOBRE O QUANTO VOCÊ É BOM NO QUE FAZ. É SOBRE SUA GRANDEZA COMO SER HUMANO.

CAMALEÕES

Uma das habilidades mais incríveis de qualquer empreendedor criativo é a adaptabilidade. Em um mundo em constante e rápida evolução, ser capaz de se reinventar e transformar novos espaços em território próprio é o que faz você avançar enquanto outros ficam para trás.

Confesso que às vezes bate uma nostalgia dos anos 2010. Lembro da sensação de lançar meu primeiro livro, abrir minha empresa, fazer minha primeira sessão de autógrafos.

Não vou fingir que certas mudanças nas plataformas que eu amava não me desanimaram da criação de conteúdo. Durante um tempo, fiquei frustrado. Reclamei, reclamei e reclamei até me dar conta de que o tempo que passava reclamando poderia ser usado para eu criar.

Sou apaixonado pela simbologia. Seja um logotipo para um cliente ou um símbolo para uma história que estou escrevendo, sempre achei fascinante a capacidade que uma imagem tem de comunicar significados.

Leões, dragões e aves majestosas são meus favoritos, mas, quando penso em adaptabilidade, é o camaleão que mais me inspira.

Esses pequenos animais não reclamam quando há alterações ao seu redor. Em vez de resistirem, mudam de cor e se adaptam ao ambiente, potencializando sua força.

Muitos animais e símbolos refletem o externo de quem vive da criatividade. Mas o camaleão, para mim, representa o que vem de dentro — o coração. Precisamos aprender a nos adaptar com leveza, e seguir adiante com foco e precisão. Em seu habitat, os camaleões não se movimentam com pressa. São animais de sangue frio, ou seja, o ambiente regula sua temperatura. Do mesmo modo, os empreendedores precisam se adaptar ao ritmo das tendências e às exigências do mercado.

A vida é cheia de altos e baixos, mas duas coisas são certas: a morte e a mudança. Não dá para falar de adaptabilidade sem encarar essa verdade. Não se agarre tanto a algo a ponto de não estar disposto a evoluir.

Vou ser sincero com você. Achei que meu primeiro livro me renderia certo nível de sucesso. *The Whispers of the Fallen* foi lançado quando o Bookstagram estava surgindo. Para quem nunca ouviu esse termo, é como se chama a comunidade de leitores no Instagram. Ainda há muitos perfis dedicados à leitura e aos livros naquela rede social, mas, como bom millennial posso afirmar que nada se compara início dos anos 2010. Foi uma época na qual grandes autores estouraram em sequência: Veronica Roth, Cassandra Clare, Rick Riordan etc. E eu tinha certeza de que *Whispers* seria tão grande quanto os livros deles.

Posso ser honesto comigo mesmo e admitir que, embora tenha sido recompensado por muito do esforço que dediquei a esses livros, eles acabaram sendo ofuscados por outras histórias. Não estou reclamando — venderam milhares de cópias em todo o mundo. As pessoas lotavam os eventos e queriam saber das continuações. Se procurar os livros no Google, vai encontrar uma série de posts feitos pelos meus leitores.

Mas, apesar da visibilidade que esses quatro livros me renderam, não consegui ignorar o recado do universo para mim: havia chegado a hora de eu me adaptar como autor, como empreendedor e como pessoa. Isso significava ler mais, escrever mais, mergulhar de cabeça nessa área e estar mais conectado com a minha essência.

Tem dias que a gente não quer se adaptar. Surge uma nova tendência, aparece mais um aplicativo, e tudo que você quer fazer é jogar tudo para o alto e dizer: "Ah, quer saber, foda-se". Somos humanos. Nossos sentimentos importam. O cansaço e a frustração importam. Sentir é importante, mas algumas emoções não nos definem. A adaptabilidade está ligada ao propósito. E quando seu propósito está ligado à sua missão, nada pode parar você.

A adaptabilidade e a honestidade andam de mãos dadas. Não é vergonha nenhuma você contabilizar suas conquistas e perdas. Na última década, fomos treinados para editar nossa vida para a internet. Falamos sobre nossas vitórias sem mencionar os obstáculos. Fazemos de conta que a vida é um lago calmo e cristalino quando, na verdade, é um rio turbulento em constante mudança.

Cada fase da vida — passada, presente ou futura — tem seu valor. Só porque já alcançou muitas coisas não significa que você não vai mais precisar se adaptar. É a mudança que impulsiona o nosso crescimento e nos leva ao sucesso.

"

A ADAPTABILIDADE E A HONESTIDADE ANDAM DE MÃOS DADAS. NÃO É VERGONHA NENHUMA VOCÊ CONTABILIZAR SUAS CONQUISTAS E PERDAS.

O JULGAMENTO COMO FERRAMENTA DE PESQUISA

Um dos jeitos mais fáceis de passar o tempo é rolando o feed. Todos nós fazemos isso, mesmo que detestemos admitir. Recorrer às redes sociais em busca de dopamina virou um hábito. Na maioria das vezes, nem nos damos conta de que estamos fazendo isso. De vez em quando, a gente esbarra em perfis que dão o que falar. Seja um vídeo fofo de cachorrinho, um influenciador que exagera nos filtros ou um vídeo de um partido político com ideias com as quais você não concorda, a gente julga e critica.

Mas que fique claro: isso não é, de forma alguma, uma validação do ódio on-line. Não gostar do conteúdo de alguém não é desculpa para sair destilando insultos nos comentários ou em mensagens diretas. As pessoas têm o direito de compartilhar o que quiserem, contudo, isso não dá a ninguém o direito de dizer o que quiser. Infelizmente, nem todo mundo entende essa diferença. Ainda assim, esse comportamento pode ser usado a nosso favor.

Em um mundo perfeito, estaríamos passeando por campos mágicos em busca do arco-íris, mas a realidade é bem mais complexa. As pessoas amam juntas e também lutam por justiça juntas.

A discordância e o conflito podem dar origem a uma comunidade. É possível encontrar pessoas com ideias semelhantes, unidas por um incômodo em comum.

Um dos meus primeiros projetos foi a criação de um folder lindíssimo para um spa. Passei horas escolhendo a tipografia, trabalhando nos elementos visuais, escrevendo o texto e selecionando as imagens. Quando chegou a hora da apresentação ao cliente, recebi uma enxurrada de perguntas que colocaram em xeque cada detalhe do que eu havia criado.

Meus livros reforçaram essa lição. Na época, até ganhei uma bolsa de estudos, mas não pude cursar a faculdade por causa do meu status migratório nos Estados Unidos. Isso não me impediu de aprender, mas me deixou mais vulnerável porque tive de fazer isso diante de milhares de leitores.

Essas obras são reflexo dos meus anos de aprendizado, entretanto os leitores não sabiam disso. Entreguei a eles uma história e, com ela, a liberdade de avaliarem meu trabalho. Era difícil lidar com a frustração toda vez que surgia uma crítica negativa na internet. Por mais que meu trabalho recebesse elogios, eles eram sempre ofuscados pelas críticas.

Sempre que me sinto assim, repito para mim mesmo: "A gente nunca perde. A gente aprende". Usei as críticas como ferramenta de pesquisa e fui melhorando meu trabalho.

E se a gente transformasse esse hábito de rolar o feed e julgar os outros em algo produtivo? E se, em vez de reagir de forma automática ao que vemos, começássemos a observar com mais curiosidade? Vamos pensar em uma situação bem comum? Você vê a foto de uma celebridade on-line, tão editada que a pele parece de porcelana, sem

100 VOCÊ NÃO É PARA TODO MUNDO

poros, sem textura, e a pessoa em questão parece mais uma boneca que um ser humano. A primeira coisa que pode passar pela sua cabeça é: "Que pena, né? A pessoa nem parece real de tanto filtro". A imagem causa certo incômodo. Então você vai imediatamente ler os comentários para saber o que as pessoas estão dizendo. Alguns falam sem filtro — outros elogiam.

Você então começa a vasculhar o feed da celebridade, tentando entender por que ela postaria aquela foto. Independentemente de qualquer coisa, o post gerou engajamento e todo mundo está falando sobre isso.

Lembra daquele desafio on-line em que as pessoas usavam um copo para deixar os lábios inchados só porque uma famosa apareceu do nada com a boca diferente? O desafio foi seguido pelo lançamento da sua linha de batons. Não importa sua opinião a respeito dela ou do produto: um público foi criado.

O julgamento virou lucro. Acredite se quiser: isso pode ser uma estratégia de marketing poderosa. Acompanhamos histórias, seja pela polêmica, seja pela inspiração. Ninguém se envolve com personagens ou narrativas mornas.

Não sou do time que acredita que "toda publicidade é boa publicidade", mas acredito que cada mensagem tem um emissor, um receptor, e que podemos tirar proveito dos modos como nossa história pode ser interpretada.

Pense no último conteúdo que você viu e te impactou. Pode ter sido um vídeo, foto, música, mas por que aquilo mexeu com você? Você caiu na risada? Ficou chocado? Se emocionou e compartilhou com cinco amigos que, na sua cabeça, precisavam muito ver também?

Pesquise "Madonna" no Google e você encontrará um monte de resultados sobre seu trabalho artístico e o que ela representa. Para mim, a Madonna é uma gênia do marketing: cada símbolo, cada música, toda a construção visual dela foi pensada para atrair fãs e haters. Não importa se você gosta ou não da Madonna. Observe como a lealdade de seus fãs e de seus críticos sustentou o espaço que ela ocupa até hoje.

O dia 28 de agosto de 2003 marcou a cultura pop graças a três ícones: Britney, Christina e Madonna. Elas estavam arrasando nos vocais? Não. A coreografia era incrível? Não. Mas, nossa, foi um acontecimento aquelas mulheres juntas. Se você é millennial, sabe exatamente do que estou falando.

Aquela cena da Madonna saindo de um bolo nunca saiu da minha cabeça. O sorrisinho. O jeito como ela começou a cantar "Hollywood". Toda a apresentação girava em torno dela e, mais uma vez, ficou claro: sim, ela é a rainha do pop. E o beijo? Lembro de ir trabalhar no Market Basket, em Ashland, Massachusetts, e ver as bancas de jornais repletas de revistas com as três popstars na capa.

A Madonna já defendia e lutava a favor da comunidade LGBTQIA+ muito antes de isso ser uma pauta global. Fez isso por meio de seu trabalho artístico, seu corpo e sua atitude.

Um público genuíno não surge no consenso, mas no julgamento. Na próxima vez que estiver julgando alguém na internet, pare e pense por que o conteúdo em questão mexeu com você. Tente analisar sob outra perspectiva. O que faz milhões de pessoas seguirem essa celebridade? O que ela fez para ser tão admirada — e tão criticada?

> **UM PÚBLICO GENUÍNO NÃO SURGE NO CONSENSO, MAS NO JULGAMENTO.**

AMIGOS, CONTATOS E PARCEIROS DE CRESCIMENTO

Antes de mais nada, preciso deixar bem claro que não há nada de errado em querer algo de alguém. Você quer a companhia de um amigo, o salário do seu chefe, o amor do seu parceiro. Quer que o final do livro seja bom ou que o vilão morra. A lista é longa. Ouvimos com frequência que é errado esperar algo ou se beneficiar de um relacionamento. Mas, sem saber para onde se vai, é perigoso estreitar um vínculo. Seria como navegar sem bússola ou pilotar um avião sem instrumentos.

Isso pode ser o divisor de águas para muita gente. É fundamental cultivar relacionamentos significativos para alcançar seus objetivos — seu dinheiro está no bolso das pessoas que você conhece. Independentemente da sua experiência ou do seu talento, você vai precisar do apoio de outras pessoas.

Vamos falar sobre contatos que podem, ou não, se tornar amigos. A primeira coisa que você precisa entender é que existem amizades, contatos e parceiros de crescimento.

104 VOCÊ NÃO É PARA TODO MUNDO

AMIGOS

Seus amigos são parte do seu círculo social. São as pessoas com quem você convive simplesmente pelo prazer da companhia delas. Você não quer nada além de estar com eles, e, às vezes, essas amizades acabam proporcionando oportunidades incríveis de networking.

Eu tive, e ainda tenho, a sorte de contar com amigos assim na minha vida: pessoas que, antes de mais nada, desejam a minha companhia, e que depois acabam se dando conta de que podemos impulsionar um ao outro. As amizades que se transformam em contatos relevantes são maravilhosas, no entanto, para cultivar esse tipo de relacionamento, é necessário sempre estabelecer limites. E se essa palavra causou desconforto em você, é bom prestar bastante atenção. Os limites existem quando você quer manter algo ou alguém por perto. Caso contrário, você simplesmente se afasta. Os limites são bons. São saudáveis. E fazem toda a diferença.

Eu tenho um combinado com meus amigos: se uma oportunidade surgir a partir da nossa amizade, temos liberdade para conversar com franqueza, sem julgamentos. Em situações assim, a amizade é a coisa mais importante, e conversas saudáveis fortalecem laços duradouros.

CONTATOS

São as pessoas que você conhece em ambientes de negócios. Não se trata de amizade. Você não as aborda porque quer chamá-las para jantar ou conhecê-las melhor. Na verdade, você deseja algo que elas podem te oferecer, seja um número de telefone, uma referência, um emprego ou uma colaboração on-line para fortalecer sua marca.

AMIGOS, CONTATOS E PARCEIROS DE CRESCIMENTO 105

Você não encontra essas pessoas na casa da sua tia. Elas frequentam eventos e ambientes bem específicos. Às vezes, meus clientes me perguntam sobre esse tipo de abordagem. Ficam constrangidos ou acham que estão sendo invasivos quando se aproximam de alguém nessas circunstâncias. Sempre digo a mesma coisa: leia o ambiente. Se você estiver em um evento de networking e vir alguém perto da mesa de queijos, puxe conversa. É para isso que essas pessoas estão lá. Agora, se for a uma palestra, por exemplo, procure alguém que possa fazer a ponte: o assistente, o responsável pelas redes sociais etc. Mas isso não é um sinal verde para ser agressivo ou sair gritando: "Olha pra mim! Estou aqui!".

A emoção é nossa principal matéria-prima. Antes de se aproximar de alguém, pense em como pode contribuir com a jornada dessa pessoa. O que você pode oferecer? É aí que sua experiência de vida entra em cena. Vamos supor que você é divorciado/a e a pessoa que quer abordar começou um negócio de sucesso depois ter se divorciado. Conte sua história e seja honesto/a sobre sua vontade de trilhar um caminho bem-sucedido. Comece a conversa com um gancho emocional.

Sou abordado por dois motivos: querem saber como iniciei minha trajetória na escrita e como comecei no empreendedorismo criativo. As pessoas que conseguem chamar minha atenção são as que compartilham sua própria história.

"J.D., estou escrevendo esse livro faz cinco anos. Já entrei em contato com inúmeros agentes e nada. Tentei autopublicar, mas não consigo, de jeito nenhum, encontrar meus leitores. O que devo fazer?"

"J.D., sempre amei arte. Tenho me aventurado pelo design gráfico e adorei, mas a minha família não pode bancar uma faculdade pra mim. O que eu faço?"

Inicie uma conversa soltando uma frase impactante e minha atenção será toda sua. Aqui estão alguns exemplos de conversas que foram do nada para lugar nenhum:

"Cara, você vive na correria. Quanto você teve que ganhar pra comprar [insira aqui o objeto de desejo]?"

"Quero ficar rico. Tem alguma dica pra mim?"

"Meu pai é fulano, e eu divulgo você nas nossas redes se você criar uma campanha pra mim."

Nem todo contato que você faz vai virar amizade. E tudo bem. Seu agente talvez nunca se torne seu melhor amigo. O CEO de certa empresa talvez nunca vá visitar você na sua casa. A pessoa que organiza seus eventos provavelmente jamais irá pescar com você no fim de semana. E tudo bem.

Essas relações têm uma dinâmica voltada para crescimento mútuo — seja financeiro, de marca ou visibilidade. Não há nada de errado em cultivá-las. Errado seria não buscá-las.

PARCEIROS DE CRESCIMENTO

Esses são os amigos que atuam na mesma área que você ou em um mercado correlato. São as pessoas para quem você liga quando conquista algo importante. Eles torcem, não concorrem com você.

Talvez, quando pensamos em amigos, contatos e parceiros de crescimento, os parceiros sejam justamente os mais difíceis de encontrar. Tenho mais de uma década na economia criativa e, embora conheça muita gente, poucos se tornaram parceiros de crescimento.

Mas você não precisa de um grupo grande. Um único parceiro já faz toda a diferença. Quando lanço algo novo, meus amigos e familiares me parabenizam, e a vida segue. Mas quando compartilho uma conquista com meus parceiros de crescimento, a gente comemora com lágrimas, drinques e um belo almoço ou jantar.

São essas as pessoas que ficam do seu lado quando surgem os desafios da profissão. Viram mentoras, são as únicas capazes de dar determinados conselhos.

Foram quase dez anos até eu conseguir uma agente e assinar um contrato com uma editora tradicional. Durante esse período, questionei minhas habilidades, meu valor, minha identidade. Será que não sou brasileiro o bastante? Americano o bastante? Talentoso o bastante? Tudo o que construí não é o suficiente?

Foram meus parceiros de crescimento que me apoiaram. Me ajudaram a manter o foco e a sanidade durante essa busca. Repetiram, incansavelmente, que o que estava em xeque não era o meu talento, mas a capacidade de outra pessoa se conectar com o que eu estava criando.

> **NÃO HÁ NADA DE ERRADO EM QUERER ALGO DE ALGUÉM.**

A GRANDE ILUSÃO

Para construir uma marca forte, uma história e uma conexão genuína com seu público, é necessário abandonar a ilusão de que todo espaço foi feito para você. Falo com conhecimento de causa. Acho que, a esta altura da nossa conversa, você já percebeu que, por muitos anos, eu quis pertencer ao cristianismo moderno. Cortei minhas asas e domei meus pensamentos para pertencer àquela comunidade. Embora tenha desenvolvido habilidades úteis para a minha carreira (oie, falar em público!), me apaguei para ser a pessoa que esperavam que eu fosse.

A verdade era simples. Independentemente do meu talento ou das minhas conquistas, eu era gay. E jamais pertenceria àquele grupo, por mais que quisesse me enganar acreditando que sim.

Comecei a trabalhar com design gráfico e a escrever em uma fase na qual ansiava por aceitação. Já falei sobre isso antes, mas, enquanto escrevia meu primeiro livro, reprimi muitas das ideias que tinha para a história porque ainda era o garoto da igreja. Na minha cabeça, eu queria algo mais impactante. Diminuí partes de mim para tentar pertencer àquele mundo.

Na época, eu era um adolescente lidando com meu status imigrante e tentando entender o que queria fazer da vida. Para parecer

110 VOCÊ NÃO É PARA TODO MUNDO

menor, mais "comum", construí uma narrativa: eu era o bom menino cristão começando sua jornada como empreendedor. O "mensageiro de Deus" em missão no universo secular.

E as pessoas compraram essa história. Eu me sentia como um espião cristão glorificado indo ao mundo plantar uma semente. Parte de mim queria, de fato, essa suposta missão. Me orgulhava do que havia conquistado no início da minha vida adulta, entretanto, no fundo, sabia que estava indo contra a minha essência. Aquela história fazia sentido porque eu queria pertencer àquele grupo mesmo que ele não fosse para mim. Embora alguns dos valores pregados fossem bons, a crença central me rejeitava por eu ser quem era.

Há momentos na vida em que, ou você se posiciona, ou se conforma. Em um domingo de julho, tocamos um set lindíssimo. Eu me lembro de ver a congregação profundamente emocionada. Quando terminamos, o pregador começou a expor, por despeito, assuntos particulares que alguns membros da igreja tinham confiado a ele. Em seguida, passou a atacar a mim e aos músicos porque não tínhamos "obedecido" ao comando divino para jejuar naquele ano.

Meu sangue ferveu. Olhei para a câmera que transmitia o culto, subi no palco, peguei meu equipamento e fui embora. Eu me lembro de ter pensado, a cada passo, que eu estava me defendendo publicamente.

Em ambientes assim, a curiosidade é confundida com rebeldia. Foi assim que me rotularam depois: um rebelde. Quando me encontrei com a liderança, pediram para ignorar o modo como o pastor havia falado naquele dia, que eu considerasse apenas o quanto ele me amava. Tentaram me convencer de que o amor deveria pesar mais que as atitudes.

Foi durante aquela conversa desconfortável que entendi, de uma vez por todas, que devo ser respeitado em todo e qualquer espaço, mas que jamais pertencerei a todos eles. Um peso saiu dos meus ombros.

Depois de anos de abuso verbal e psicológico, decidi encontrar minha tribo — amigos, empreendedores, gente com alma parecida. Quanto mais me afastava do lugar ao qual nunca deveria ter tentado pertencer, mais eu brilhava. Sim, sair do único universo que eu havia conhecido foi assustador. Mas valeu a pena.

A gente inventa mil desculpas para continuar em lugares assim porque são confortáveis. Certos ambientes cortam as asas de empreendedores criativos nos desencorajando em vez de nos incentivar a seguir adiante. Conformar-se é perigoso.

Fala-se muito sobre respeito e aceitação. Eu acredito no respeito. Você deve ser respeitado em qualquer lugar. Sua história, sua identidade, sua origem, tudo o que faz de você quem você é merece respeito. Já a aceitação? Seus pais conservadores talvez nunca aceitem sua orientação sexual. Seu pai pode ter sonhado que você assumiria os negócios da família, mas você decidiu se mudar para outro país. O pastor talvez nunca aceite o casamento gay. Mas você precisa se posicionar e encontrar sua comunidade. Se essas pessoas vão te aceitar ou não, isso é problema delas, mas respeitar você é inegociável. E, se não respeitarem, então quem deve se retirar é você.

Respeitar é honrar a coragem de quem escolhe viver com autenticidade. As pessoas se conectam com propósito e verdade. Se você não estiver ancorado/a nisso, vai acabar construindo castelos de areia.

Eu gostaria de ter sido mais ousado e honesto comigo e com o meu público, mas não dá para voltar no tempo. Aprendi com essas experiências e sigo em frente. Se você está em um ambiente que te reprime, respire fundo. Reflita um pouco (não estou falando para você sair correndo imediatamente!). Mas, talvez, seja um empurrãozinho que vai ajudar você a voar quando chegar o momento certo.

"

PARA CONSTRUIR UMA MARCA FORTE, UMA HISTÓRIA E UMA CONEXÃO GENUÍNA COM SEU PÚBLICO, É NECESSÁRIO ABANDONAR A ILUSÃO DE QUE TODO ESPAÇO FOI FEITO PARA VOCÊ.

CULTIVE SUA CURIOSIDADE

Por melhor que algo seja, só continua a ser bom quando a experiência é leve e prazerosa. E, você sabe, eu adoraria prolongar esta conversa, mas acredito que sairemos deste café com boas memórias e com muitas reflexões.

Pensei bastante em como seria este momento. O que eu poderia dizer para inspirar você a encarar a vida com mais coragem e ousadia? Mantenha-se curioso. Eu sei, eu sei, você já ouviu isso um milhão de vezes. Pode até soar clichê, mas, com o tempo, percebi que alguns clichês são verdades que às vezes deixamos de levar a sério. A gente se acostuma com o que importa, e o que deveria ser extraordinário se torna justamente o oposto. Nesse caso, é clichê porque é útil.

Manter-se curioso nunca foi tão importante quanto agora. Os algoritmos definem o que vemos e como interagimos. Cada movimento nosso é rastreado. Essas plataformas estão reprogramando nosso cérebro para acreditarmos que temos de consumir as informações que chegam a nós em vez de pesquisarmos.

Pare para pensar: os algoritmos nos distraem das escolhas reais que fazemos. Seguimos criadores de conteúdo, mas nunca vemos o que postam. Em vez disso, rolamos o feed e recebemos infinitas sugestões, e o problema, nesse caso, é acabarmos abrindo mão do que escolhemos conscientemente. Quando existem muitas opções, demoramos para escolher. Vá a um restaurante com um cardápio gigante e verá isso na prática. Estamos sendo condicionados a seguir o fluxo em vez de assumirmos o controle. Cada sugestão se torna uma ideia. Cada ideia se torna uma tarefa. E, de repente, estamos sobrecarregados de obrigações, sem espaço mental para a nossa curiosidade. A verdade é que não deveríamos ser condicionados — deveríamos ser protagonistas da nossa própria história.

Isso não significa que você deva deixar a curiosidade de lado, muito pelo contrário: ela abre portas para novas possibilidades e mantém você focado nos seus objetivos. Tudo o que hoje vemos e podemos tocar um dia foi uma ideia curiosa que alguém teve. Evoluímos como sociedade porque pessoas curiosas decidiram tornar realidade as próprias ideias.

Pense bem: você tem uma ideia incrível e quer transformá-la em algo concreto. Então precisa insistir, fazer o que for necessário para alcançar seu objetivo. Construir uma marca, uma narrativa, conquistar um público — tudo isso exige um fluxo constante de ideias movidas pela curiosidade. Sem ela, a inspiração se esgota, a apatia toma conta e você fica estagnado.

O raso nunca foi o bastante para mim. Quando comprei um Tamagotchi, tomei conta dele por semanas antes de desparafusar tudo para entender como funcionava. Eu sabia que, debaixo daquela capinha rosa, havia um sistema complexo que fazia aquela criaturinha existir.

Escola bíblica aos domingos? Eu era aquele que fazia todo tipo de pergunta para o professor sobre o que era ou não permitido, segundo os ensinamentos.

O empreendedor criativo que se mantém curioso é capaz de enxergar o mundo com olhos de criança. Com o tempo, a gente pode acabar perdendo essa inquietação saudável, uma ferramenta poderosa para nos criarmos e nos reinventarmos. É a curiosidade que motiva você a pesquisar e a criar. Que fez você chegar até aqui, até o fim da nossa conversa. Você poderia ter desistido no meio do caminho e ter pensado: "Ah, isso não é muito a minha praia (ou o meu café)". Mas aqui está você.

O progresso só se torna realidade quando uma mente curiosa decide ir até o fim. Termine o que você começou. Observe seu projeto ganhar forma. Faça por você. Por quem veio antes de você. E por quem ainda vai chegar.

E lembre-se: você não é para todo mundo.

"

O EMPREENDEDOR CRIATIVO
QUE SE MANTÉM CURIOSO É
CAPAZ DE ENXERGAR O MUNDO
COM OLHOS DE CRIANÇA.

AGRADECIMENTOS

Embora escrever um livro possa ser uma jornada bastante solitária, ninguém consegue cruzar a linha de chegada sem amor e apoio, e eu não teria chegado até aqui sem minha família, meus amigos e clientes.

Se já trabalhou comigo em um projeto de branding, design ou redação, saiba que você é a razão pela qual este livro existe. Obrigado por acreditar no meu trabalho.

À minha linda família, eu agradeço por sempre apoiarem minhas ideias. Vocês continuam me inspirando todos os dias.

Ao meu marido, obrigada por me inspirar a crescer como pessoa, empreendedor e artista. Sou melhor por sua causa.

À minha querida amiga Maytê Carvalho, pelas palavras que, durante um brunch em uma manhã gelada em Nova York, me inspirarem a escrever este livro. Obrigado por sua amizade.

À minha agente, Susan Velazquez, e a toda a equipe da JABberwocky Literary Agency: obrigado por me incentivarem e me desafiarem a enxergar além do presente. Serei eternamente grato a vocês.

Aos meus leitores: obrigado! Vocês me acompanham há mais de uma década, e este livro também existe porque a paixão de vocês pelos meus romances me incentivou a me tornar um escritor melhor.

Por fim, se esta é a primeira vez que você ouve falar de mim, obrigado por dar uma chance às minhas palavras. Espero que elas o inspirem a viver sua vida com autenticidade e ousadia.

J.D.

SUA OPINIÃO É MUITO IMPORTANTE

Mande um e-mail para **opiniao@vreditoras.com.br**
com o título deste livro no campo "Assunto".

1ª edição, mai. 2025

FONTES Oswald Bold 27pt/18pt/12pt;
Adobe Garamond Pro Regular 11pt;
Adobe Garamond Pro Italic 11pt;
Acumin Pro Condensed Bold 11pt;
Acumin Pro Condensed Regular 11pt;
Shadows Into Light Two Regular 9pt.
PAPEL Offset 90g/m²
IMPRESSÃO Gráfica Leograf
LOTE GSM160525